И.И. Сущинский

Местоимения в современном немецком языке

Значение, основные признаки, классификация, склонение, употребление во всех сферах общения

Справочное и учебное пособие по практической коммуникативной грамматике

Все о местоимениях кратко, занимательно и познавательно

«Лист»
Москва
1998

ББК 81.2 Нем
С 89

С 89   **И.И. Сущинский. Местоимения в современном немецком языке.** Значение, основные признаки, классификация, склонение, употребление во всех сферах общения. М.: , 1998. — 192 с.

ББК 81.2 Нем

© И.И.Сущинский, 1998 г.
© ООО «Лист Нью», 1998 г.

ISBN 5-7871-0063-8

Предисловие

Это пособие для школьника, студента, преподавателя, для всех изучающих немецкий язык. Читатель найдет в ней краткое, но достаточно полное, системное и во многом нетрадиционное описание местоимений (значение, основные признаки, классификация, склонение и употребление их во всех сферах речи) с учетом новейших достижений отечественной и зарубежной лингвистики и методики. В пособии впервые местоимения представлены в коммуникативном аспекте на оригинальном языковом материале Германии, Австрии и Швейцарии. Теоретический и дидактический материалы данного пособия могут успешно применяться как при самостоятельном изучении современного немецкого языка, так и на аудиторных занятиях под руководством учителя/преподавателя. Пособие включает в себя грамматическую, семантическую и стилистическую характеристики местоимений, их классификацию по формально-грамматическим и семантическим признакам и с учетом их лексико-грамматических особенностей, русские соответствия, творческие коммуникативные задания и упражнения, указатель местоимений, тесты для самоконтроля усвоенных знаний, ключи к упражнениям (ответы для самоконтроля).

Целесообразно работать с данным пособием в той последовательности, в которой расположены учебный материал и задания.

Местоимения
(Die Pronomen)

1.1. Признаки местоимений (Общие краткие сведения).

Местоимения — это слова, которые, не называя самих предметов (лиц) и признаков, указывают на них по их отношению к говорящему лицу; *я*/ich — это говорящий с точки зрения самого говорящего; *ты*/du — это собеседник с точки зрения самого говорящего; *тот*/der — это указание на предмет или признак, отдаленный от говорящего во времени и пространстве; *кто-то*/jemand — это указание на лицо, неизвестное говорящему. Поэтому местоимения можно называть указательными словами, заменяющими или замещающими имена существительные. Поясним сказанное следующими простыми примерами.

> Господин Вебер «становится» *ich*, если он говорит о себе самом, *du* или *Sie*, если к нему обращаются на ты или Вы, *er*, если говорят о нем. Местоимения *dieser* или *der da* используют в тех случаях, когда показывают на него (Вебера), *wer?*, когда спрашивают о нем (Вебере). О книге, которая принадлежит господину Веберу, он сам говорит: *Das ist mein Buch*. Если мы видим, что он читает ее, то мы можем сказать: *Er liest sein Buch*. Нередко местоимения употребляются

вместо предыдущих существительных, чтобы избежать повторения слов: Franz sieht *seinen Freund*. Er grüßt *ihn* und gibt *ihm* die Hand.

Значение местоимений характеризуется высокой степенью обобщенности и отсутствием постоянной предметной отнесенности. Обобщенность местоименного значения проявляется в том, что в предложении местоимение способно указывать на любой предмет (лицо) или признак:

Er (der Wagen, der Junge, der Hirsch, der Tisch, der Großvater) steht vor dem Baum.

По семантическим и грамматическим признакам местоимения делятся на предметно-личные и не предметно-личные.

Предметно-личные местоимения (ich, du, er, wir, sie...) указывают на предмет или лицо, не имеют грамматической категории рода, не изменяются по числам, лексически (разными словами) разграничивают одушевленность (wer, jemand) и неодушевленность (was, irgendwas...). Исключение составляет местоимение er, которое изменяется по родам и числам (er, sie, es, sie); обозначает как лицо, так и не лицо (er — ein Mensch, ein Junge, ein Vogel; er — ein Stuhl, ein Dampfer, ein Computer). Предметно-личные местоимения в предложении обычно являются подлежащим или дополнением, поэтому их можно назвать субъектно-объектными.

Не предметно-личные местоимения (mein, dein, sein, unser, jener, dieser...) указывают на признак предмета (качественный или количественный), изменяются как имена прилагательные, и в предложении обычно выступают определениями, что позволяет называть их атрибутивными.

1.2. Разряды местоимений по значению

По своему значению и по форме, а также по синтаксической роли все местоимения делятся на следующие разряды:

1. Личные местоимения (Personalpronomen/persönliche Fürwörter): ich, du, er, sie, es, wir, ihr;

2. Притяжательные местоимения (Possesivpronomen/besitzanzeigende Fürwörter): mein, dein, sein, unser, euer, ihr;

3. Неопределенные местоимения (Indefinitpronomen/unbestimmte Fürwörter): man, jemand, niemand, mancher; etwas, kein и др.;

4. Указательные местоимения (Demonstrativpronomen/hinweisende Fürwörter): dieser, diese, dieses; jener, jene, jenes; der, die, das;

5. Вопросительные местоимения (Interrogativpronomen/Fragefürwörter): wer?, was?, welches?; was für ein?;

6. Относительные местоимения (Relativpronomen /bezügliche Fürwörter): der, die, das, welcher, welche, welches, was.

7. Возвратное местоимение (Reflexivpronomen) sich и взаимное местоимение (das reziproke Pronomen) sich/einander;

8. Безличное местоимение (das unpersönliche Pronomen) es;

9. Местоименные наречия (die Pronominaladverbien): wofür, woran, wonach, dafür, daran, danach...

Большинство местоимений склоняются:

Sie (meine Freundin) besucht *mich* heute abend. Sie gratuliert *mir* zum Geburtstag und schenkt mir ein Buch. Ich begrüße *sie* und danke *ihr* für *ihr* Buch. In *diesem* Buch gibt es viele Illustrationen. Das Buch, *das meine* Freundin *mir* geschenkt hat, gefällt *mir*.

1.3. Значения и функции местоимений

1. Личные местоимения ich, du, wir, ihr, Sie обозначают в номинативе, аккузативе и дативе всегда лица: Er hat *mir* im Haushalt geholfen. Als *er sie* sah, ging *er* auf *sie* zu und umarmte *sie*. Für das gute Zeugnis hat *mir mein* Vater ein Fahrrad gegeben.

2. Личные местоимения er, sie, es, sie *(pl.)* соотносятся в номинативе, дативе и аккузативе с названными ранее лицами и предметами/вещами.

> Der Chef ist dienstlich verreist. *Er* kommt erst morgen abend. *Ich* begrüße meine Nachbarin. *Ich* kenne *sie* seit langem. Das Ergebnis der Prüfung ist schon bekannt. *Sie* (die Prüfung) ist gut ausgefallen. Die Blumen sind vertrocknet. Ich habe *sie* nicht regelmäßig begossen.

3. Указательные и притяжательные местоимения служат для замещения имени или для сопровождения его и поэтому в предложении они могут употребляться как в роли существительного, так и в роли прилагательного:

> Kann ich die neueste Ausgabe des Lexikons haben? — Eben *diese* ist leider vergriffen.
>
> *Diese* Wohnung gefällt mir gar nicht.
>
> Das neue Auto dort ist *mein(e)s*. Auf *meiner* letzten Reise lernte ich viele nette Leute kennen.

1.4. Как пишутся местоимения?

Как правило, местоимения в современном немецком языке пишутся со строчной (малой) буквы: ich, dieser, euer, uns, jener, niemand. Исключение составляют формы вежливого обращения, которые всегда пишутся с прописной буквы: **Sie, Ihnen, Ihr(er)**.

Sehr geehrter Herr Große,

wir danken **Ihnen** für **Ihre** Anfrage vom 21.05 und bieten **Ihnen** die von Ihnen genannten Geräte wie folgt an ...

Wir freuen uns, daß **Sie** die Absatzmöglichkeiten günstig beurteilen.

Обратите внимание!

Начиная с 1 августа 1998 г., местоимения du, dir, dich, dein, ihr, euer, euch в соответствии с требованиями современной орфографии в письмах и сообщениях пишутся со строчной буквы:

Liebe Ingrid,

ich danke **dir**..., grüße **dich**..., bitte **deine** Schwester..., lade **euch**... ein.

§ 1. Личные местоимения (Personalpronomen) и их употребления в речи

К ним относятся: ich/я, du/ты, er/он, sie/она, es/оно, wir/мы, ihr/вы, sie/они, Sie/Вы (вежливая форма).

Местоимение **ich** обозначает первое лицо, т.е. лицо, говорящее и называющее себя словом **ich**:

Ich weiß es nicht.

Местоимение **du** называет второе лицо, т.е. непосредственно собеседника, к которому говорящий обращается с речью:

Du kannst mir das Buch morgen bringen.

Местоимение **du** может указывать на человека вообще (приобретает обобщенно-личное значение) и употребляется в разговорной речи вместо неопределенно-личного местоимения **man**:

Mündliche Prüfungen sind ganz schwer — **du** bist aufgeregt und kannst kaum was sagen.

Das ganze Jahr freust **du** dich auf den Urlaub, und dann regnet es nur.

Эти местоимения не имеют грамматического рода и форм множественного числа. Род местоимений **ich** и **du** определяется путем соотнесения с реальным полом лица, на которое они указывают.

Ute (die Mutter, sie) sagte: „**Ich** hole dich ab."

Kurt (er, der Vater) sagte: „**Ich** helfe dir gern, Renate."

Was machst **du** heute abend, Paul?/Renate?

Таким образом, местоимения **ich, du** могут обозначать лиц как мужского, так и женского пола:

„Kann **ich** dir helfen?" fragte **er**. **Sie** antwortete: „**Ich** schaffe es schon allein!"

Итак: кто и кому говорит в обращении du/ты?

Du говорят друг другу:
- члены семьи и родственники между собой;
- (близкие) друзья между собой;
- взрослые детям и молодым людям до 16 лет;
- студенты между собой;
- коллеги по работе между собой, если они об этом договорились заранее;
- дети, подростки и молодые люди между собой;
- рабочие, ремесленники, солдаты, члены спортивных обществ;
- равноправные товарищи по профессии/коллеги;
- при обращении к зверям;
- в молитвах при обращении к богу;
- иногда служащие одного учреждения/офиса.

1. Местоимение **wir** заменяет название говорящего (автора высказывания) и еще кого-либо:

Wir (ich und meine Freundin) gehen heute abend ins Kino.

Основное значение местоимения **wir** можно описать так: «*я и еще кто-то.*»

2. В научной, деловой, публицистической речи и в языке художественной литературы местоимение **wir** употребляется иногда в значении местоимения ich как авторское «я»:

Im nächsten Abschnitt gehen **wir** auf dieses Problem noch näher ein.

3. Местоимение **wir**/мы в разговорной речи употребляется и при обращении ко второму лицу, если взрослые обращаются к ребенку или врачи к пациенту для придания обращению оттенка эмоциональной заинтересованности в судьбе собеседника:

Aber Kinder, ihr wißt doch, das dürfen wir (dürft ihr) nicht machen.

Na, was haben wir (Sie) denn für Sorgen?

Wie haben wir denn heute nacht geschlafen?

Местоимение **ihr**/вы заменяет множество лиц, к которым одновременно обращается говорящий:

Was macht ihr da? — Wir warten auf unseren Lehrer.

Wohin geht ihr? — Wir gehen ins Kaufhaus.

Обратите внимание!

Личное местоимение **ihr** заменяет несколько лиц/собеседников, к которым одновременно обращается говорящий, только в тех случаях, когда к каждому в отдельности он обращается на **du**/вы:

Kommt ihr mit zum Baden? — Nein, wir gehen heute in den Zoo.

Обязательным коммуникативным условием для употребления местоимений **du** и **ihr** является наличие неофициальной обстановки общения, близкого знакомства, дружеских (непринужденных, доверительных, интимных) отношений между говорящим и собеседником/собеседниками. Надежным критерием при употреблении **du, ihr** в речи может служить допустимость обращения говорящего к собеседнику/собеседникам по имени:

Wohin gehst **du** heute abend, Klaus?

Иными словами, обращение на **du**/ты предполагает согласие/согласованность между собеседниками. Это согласие вытекает либо из речевой ситуации, либо достигается в результате того, что один собеседник настоятельно предлагает другому форму обращения на **du**/ты.

1. Местоимение **Sie**/вы употребляется вместо местоимений **du**/ты или **ihr**/вы при вежливом или официальном обращении в одному или нескольким лицам обоих полов:

Bringen **Sie** mir bitte ein Kännchen Kaffee.

Kommen **Sie** alle drei zu uns oder nur **Sie** allein?

2. Личное местоимение **Sie**/вы заменяет множество лиц в тех случаях, если говорящий к каждому в отдельности обращается на **Sie**/вы:

Ich möchte **Sie** (die Ehegattin und den Ehegatten) zum Abendessen einladen.

Примечания:

1. Если говорящий обращается к нескольким лицам одновременно, среди которых имеются лица, к которым в отдельности он обращается на **du**/ты и **Sie**/вы, тогда согласно немецкому речевому этикету рекомендуется прибегать к вежливой форме обращения **Sie**/вы:

Meine Damen und Herren, darf ich **Sie** ins Wohnzimmer bitten?

2. Если говорящий хочет подчеркнуть дистанцию по отношению к своему собеседнику или своим собеседникам, к которым он обращается с речью, тогда он тоже пользуется местоимением **Sie/вы**.

Таким образом, Sie/вы заменяет название нескольких собеседников, а также название единственного лица-собеседника **при официально-вежливом обращении:**

Nehmen **Sie** doch Platz, meine Herren, mein Herr!

Итак, кто и кому говорит Sie/вы?

Sie говорят друг другу:

* взрослые между собой в том случае, если они не договорились заранее обращаться друг к другу на **du/ты** (начальник, подчиненные/сотрудники, учителя/преподаватели, ученики старших классов, профессора, студенты и т.д.)
* дети и молодежь взрослым, если они не находятся с ними в родственных или дружеских отношениях.

Местоимение **Sie**/вы употребляется всегда, когда при обращении к лицам говорящий называет их фамилии, титулы, должности, звания:

Was machen **Sie** heute abend, Herr Griesbach?

Darf ich **Sie**, Herr Doktor Klause, und Ihre Frau heute Abend zu uns einladen?

Herr Professor Fischer, wir bitten **Sie**, Ihre Meinung dazu zu äußern.

Frau Schulz! Darf ich **Sie** etwas fragen?

Herr Minister, wir danken **Ihnen** für dieses Gespräch.

Местоимения **er**/он, **sie**/она, **es**/оно, **sie**/они замещают либо название лица, к которому речь непосредственно не обращена, либо названия животных, предметов, отвлеченных понятий:

Am Abend packte **sie** ihre Sachen und fuhr zu ihren Eltern.

Hier liegt der gesuchte Schlüssel, **er** lag unter dem Schrank.

Er kann ohne **sie** nicht leben.

Wir haben **sie** (Michael und Peter) besucht.

Das Baby weint. Nimm **es** doch auf den Arm!

Das ist ein großes Problem. **Es** wird nicht leicht zu lösen sein.

Wo ist mein Kaninchen? Hast du **es** gesehen?

Местоимения **er**/он, **sie**/она, **es**/оно имеют родовые формы и формы множественного числа:

1. Wo ist der Vater? — **Er** sitzt im Garten.
2. Was macht die Mutter? — **Sie** sieht fern.
3. Was macht das Kind? — **Es** spielt mit den Puppen.
4. Wo spielen die Kinder? — **Sie** spielen im Hof.

Выбор личного местоимения третьего лица единственного числа зависит от рода существительного, которое оно заменяет:

Gerd lernt Deutsch. **Er** geht in die 8. Klasse. — **Monika** studiert Medizin. **Sie** will Ärztin werden.

Das Kind ist 5 Jahre alt. Die Mutter bringt **es** jeden Morgen in den Kindergarten.

Примечание:

Если существительное среднего рода обозначает лицо (например, das Mädchen), то его заменителем является местоимение **es**. Однако после упоминания имени согласно речевому этикету личное местоимение определяется реальным (естественным) полом лица, на которое оно указывает. Это правило распространяется также и на употребление притяжательных местоимений:

Siehst du **das kleine Mädchen** dort? **Es** ist 7 Jahre alt. Ich kenne **seinen** Vater. **Das Mädchen** geht zur Schule. **Es** heißt Ursel. **Sie** macht **ihre** Schularbeiten immer selbst.

Исключением из этого правила является имя существительное Fräulein, которое всегда заменяется личным местоимением **sie**/она:

Das (junge) Fräulein zeigte mir den Weg zum Hotel.

Sie ging auch dorthin, weil **sie** dort arbeitete.

Fraulein Schulz kenne ich gut. **Sie** ist doch meine Nachbarin.

Личное местоимение третьего лица множественного числа sie/они указывает на множество лиц, к которым речь непосредственно не обращена, либо названия животных, предметов, отвлеченных понятий:

Wo sind **die Kinder**? — **Sie** spielen im Garten.

Wo haben Sie **die Blumen** gekauft? — Wir haben **sie** an einem Blumenkiosk gekauft.

Er sprach mit ihnen über **die neuen Aufgaben**. **Sie** waren sehr kompliziert.

Die Vögel sitzen auf den Zweigen. **Sie** zwitschern.

Кроме того, **sie**/они в разговорной речи употребляется вместо **man**, т.е. для обозначения лиц, которых не могут или не хотят назвать:

Mir haben **sie** gestern das Fahrrad gestohlen.

Jetzt wollen **sie** schon wieder die Miete erhöhen.

1. 2. Какое место в предложении занимают личные местоимения?

1. прямой порядок слов.

Er	gibt	dem	Schüler	das	Heft.
Er	gibt	es		dem	Schüler.
Er	gibt	es		ihm.	
Er	gibt	ihm		das	Buch.
Er	schreibt	einen	Brief	an seinen	Freund.

Примечания:

1. Если оба дополнения выражены именем существительным, то дополнение в дативе стоит впереди дополнения в аккузативе.
2. Если дополнения выражены личными местоимениями, то местоимения в дативе следует за местоимением в аккузативе.

3. Личное местоимение следует непосредственно за спрягаемым глаголом.

2. Обратный порядок слов

Heute	schreibt	der	Sohn seinen Eltern.
Heute	schreibt	er	seinen Eltern.
Heute	schreibt	er	ihnen.
Heute	schreibt	der	Sohn ihnen (ihnen der Sohn).
Heute	schreibt	der	Sohn an seine Eltern.
Heute	schreibt	er	an seine Eltern.
Heute	schreibt	er	an sie.
Heute	schreibt	der	Sohn an sie.

1. 3. Какое место в предложении занимают возвратные местоимения?

Прямой порядок слов

Ich interessiere **mich** für Sport.

Mein Vater wäscht **sich** die Hände.

Обратный порядок слов

Jetzt interessiert er **sich** für Kunst.

Sofort hat er **sich** die Hände gewaschen.

Morgens wäscht **sich** mein Bruder mit kaltem Wasser/kalt.

Придаточные предложения

Ich weiß, daß sie **sich** für Kunst interessiert.

Es sieht so aus, als ob **sich** dein Bruder für meine Schwester interessierte.

Sie glaubt, daß **sich** der Mann (der Mann sich) seiner Bemerkung schämt.

Примечания:

1. При прямом порядке слов возвратное местоимение следует непосредственно за спрягаемым глаголом, т.е. всегда занимает третье место в предложении.
2. При обратном порядке слов возвратное местоимение следует за подлежащим, если оно выражено личным местоимением; если подлежащее выражено именем существительным, тогда возвратное местоимение ставится впереди него.
3. Это правило распространяется на место возвратного местоимения и в придаточных предложениях.

1.4. Склонение личных местоимений

Personalpronomen[1]			
Nominativ	*Akkusativ*	*Dativ*	*Genitiv*
Singular			
Ich: *Ich bin krank.*	**mich:** *Wer pflegt mich?*	**mir:** *Wer hilft mir?*	**meiner:** *Wer erbarmt sich meiner?*
du: *Du bist krank.*	**dich:** *Wer pflegt dich?*	**dir:** *Wer hilft dir?*	**deiner:** *Wer erbarmt sich deiner?*
Sie: *Sie sind krank.*	**Sie:** *Wer pflegt Sie?*	**Ihnen:** *Wer hilft Ihnen?*	**Ihrer:** *Wer erbarmt sich Ihrer?*
er: *Er ist krank.*	**ihn:** *Wer pflegt ihn?*	**ihm:** *Wer hilft ihm?*	**seiner:** *Wer erbarmt sich seiner?*
sie: *Sie ist krank.*	**sie:** *Wer pflegt sie?*	**ihr:** *Wer hilft ihr?*	**ihrer:** *Wer erbarmt sich ihrer?*
es: *Es ist krank.*	**es:** *Wer pflegt es?*	**ihm:** *Wer hilft ihm?*	**seiner:** *Wer erbarmt sich seiner?*
Plural			
wir: *Wir sind krank.*	**uns:** *Wer pflegt uns?*	**uns:** *Wer hilft uns?*	**unser:** *Wer erbarmt sich unser?*
ihr: *Ihr seid krank.*	**euch:** *Wer pflegt euch?*	**euch:** *Wer hilft euch?*	**euer:** *Wer erbarmt sich euer?*
Sie: *Sie sind krank.*	**Sie:** *Wer pflegt Sie?*	**Ihnen:** *Wer hilft Ihnen?*	**Ihrer:** *Wer erbarmt sich Ihrer?*
sie: *Sie sind krank.*	**sie:** *Wer pflegt sie?*	**ihnen:** *Wer hilft ihnen?*	**ihrer:** *Wer erbarmt sich ihrer?*

[1] (Примечание)

При склонении личных местоимений в предложениях используются следующие глаголы:
а) sein — быть
б) pflegen *vt* — ухаживать *за кем-л.*;
в) jemandem helfen — помогать *кому-л.*;
г) sich jemands erbarmen — сжалиться *над кем-л.*

1.5. Задания и упражнения к теме «Личные местоимения».

Задание 1. Прочитайте предложения. Переведите их на русский язык. Обратите внимание на значения и функции личных местоимений.

1. Ich lese eine Illustrierte. Sie gefällt mir sehr. 2. Ich Dummkopf! 3. Es waren alles Menschen wie du und ich (wie jedermann). 4. Ich an deiner Stelle hätte mich anders entschieden. 5. Ich bin doch ein Esel. 6. Ich bin müde. Ich lege mich schlafen. 7. Du und ich, wir beide zusammen schaffen das schon. 8. Hat er Lust, ins Theater zu gehen? 9. Ich bin mit ihm per du/Wir sind per du. 10. Kannst du mir das Buch für ein paar Tage geben? 11. Kann ich (mir) einen Kugelschreiber bei dir ausleihen? 12. Meine Kaffeemaschine kann ich dir nicht ausleihen. Ich brauche sie selbst. 13. Würdest du mir bitte dein Auto morgen kurz ausleihen? 14. Er ist krank. Besuche ihn. 15. Es (unser Kind) kann noch nicht sprechen. 16. Vor Aufregung konnte sie nicht sprechen. 17. Sie spricht fließend Deutsch. 18. Der Brief ist in Deutsch geschrieben/abgefaßt. Kannst du ihn übersetzen? 19. „Wie ist das Buch?" — „Es ist gut". 20. Das Tier hat Hunger, gib ihm etwas zu fressen! 21. Wir arbeiten heute länger. 22. Wir beide treffen uns regelmäßig. 23. Wir besuchen euch bald wieder. 24. Na, ihr beiden, wie geht's euch? 25. Webers kommen beide, er und sie. 26. „Hast du Gabi gesehen?" — „Ja, sie ist im Garten". 27. Du kannst die Uhr morgen holen, ich habe sie zum Uhrmacher gebracht. 28. „Guten Tag, Frau Fischer, kommen Sie herein". 29. Er verdient das Geld und sie führt den Haushalt. 30. Aber nehmen Sie doch Platz, meine Damen und Herren/mein Herr! 31. Ich kann Ihnen leider nicht helfen. 32. Wir haben sie alle

nach ihrer Meinung gefragt. 33. Er wird sich bei ihnen entschuldigen. 34. Sie wollen heiraten.

Задание 2. Выпишите личные местоимения из первого задания и распределите их по лицам и числам. Скажите, какие функции они выполняют в этих предложениях (на кого или что они указывают?).

Задание 3. Вставьте подходящие местоимения (ich, er, sie, es, ihm, mir, dir). Определите, в каком падеже стоят местоимения.

1. Dort kommt mein Nachbar Manfred. ... will ... besuchen. ... habe ... zu ... eingeladen.

2. ... habe einen Kuli (Kugelschreiber) gefunden. ... hat unter dem Tisch gelegen. Gehört ... ...? — ... glaube, dieser Kugelschreiber ist der meine. Gib ... . Ich danke ... dafür.

3. Das Kind hat das Spielzeug verloren, das ... ... geschenkt habe. Nach einer kleinen Weile hat ... ... wiedergefunden.

4. Das Kind geht in die Schule. ... ist fleißig. ... besucht die zweite Klasse.

5. Hast ... mein Buch gelesen? Ist ... nicht interessant?

6. Kennst ... meine Schwester? ... kommt heute zu .... Ich kann ... mit ... bekannt machen.

7. Wenn ... Zeit habe, rufe ... (du) an.

8. Wenn ... in Paris bin, gehe ... immer in den Louvre.

Задание 4. Скажите, что может помочь при выборе местоимения и падежа.

Задание 5. Скажите по-русски.

1. Wenn sie anrufen sollte, sagst du, daß ich nicht da bin.
2. Wenn ich Zeit gehabt hätte, hätte ich dich angerufen.
3. Jedesmal, wenn das Telefon läutet, glaube ich, daß sie es ist.
4. Ich bin Ihnen für Ihre Hilfe sehr dankbar.
5. Man hat ihm seine Freundschaft mit Verrat gedankt.
6. Er dankte ihr für das Gesehenk.
7. Wir helfen euch mit mit Rat und Tat.
8. Ich glaube, wir kennen uns vom Studium her.
9. Ich kenne ihn genau. Er würde nie etwas Böses tun.
10. Kennt sie seine Schwächen?
11. Die Firma schickt ihn oft ins Ausland.
12. Zum Geburtstag schickte ich ihr einen Strauß Blumen.
13. Sie spricht akzentfrei Deutsch.
14. Ich muß Sie unbedingt sprechen.
15. Kinder, ihr habt euren Großvater beleidigt. Ihr müßt euch bei ihm dafür entschuldigen. Vielleicht wird er euch diese Beleidigung verzeihen.
16. Verzeihen Sie bitte: Können Sie mir sagen, wie ich am besten zum Bahnhof komme?
17. Entschuldigen Sie bitte die Störung! Was kann ich für Sie tun?
18. Sieh zu, daß du rechtzeitig fertig wirst.
19. Sieh zu, wie ich das mache, damit du es lernst!
20. Hat jemand nach mir gefragt?
21. Ich schlage vor, wir gehen zuerst essen/daß wir zuerst essen gehen.
22. Sie haben uns zum bestandenen Examen gratuliert.
23. Ich verbiete dir, ihn zu besuchen.

24. Für dich ist keine Post gekommen.
25. Von ihnen kommt keine Hilfe.
26. Ich hoffe, daß du bald kommst. Ich werde auf dich warten.
27. Wenn du Lust hast, komm mit uns in die Disko.
28. Soll ich euch was zu trinken machen?
29. „Was machst du da?" — „Ich male ein Bild für Vater".

Задание 6. Замените имена существительные соответствующими местоимениями.

1. Karl lernt Deutsch. Karl geht in die achte Klasse. Karl ist ein fleißiger Schüler. Karls Schwester heißt Gisela. Das Mädchen ist 20 Jahre alt. Gisela verträgt sich mit ihrem Bruder gut. Oft hilft Gisela ihrem Bruder bei den Hausaufgaben. Karl ist Gisela dafür dankbar. Bald hat Gisela Geburtstag. Karl will Gisela zum Geburtstag gratulieren. Er will der Schwester einen Rosenstrauß schenken. Karl ist auf die Schwester stolz.

2. Das Kind ist 4 Jahre alt. Der Vater bringt das Kind jeden Morgen in den Kindergarten. Dem Kind gefällt es dort. Das Kind ist sehr freundlich zu anderen Kindern. Das Kind heißt Freddy. Die Kinder spielen gern mit Freddy. Freddy gefällt allen Kindern.

Задание 7. Образуйте предложения из следующих слов и выражений.

1. Es, gefallen, gar, mir, nicht, daß, ich, heute, länger, muß, arbeiten.
2. Gefallen, ich, dir, meine, mit, neue, Frisur?
3. Er, sein, im Moment, da, nicht, er, kommen, gegen, erst, Abend, wieder. Du, müssen, er, am Abend, anrufen, nochmals.

Задание 8. Скажите по-немецки.

1. Он попытался/попробовал позвонить ей еще раз.
2. Не могли бы Вы повторить это еще раз?
3. Он довольно хорошо играет на пианино, а она играет еще лучше.
4. Он делает только то, что нравится ему.
5. В обсуждении этого романа мы не сможем участвовать. У нас в это время занятия.
6. Они живут друг с другом в мире и согласии (in Frieden und Eintracht leben).
7. Вы въезжаете в новую квартиру в конце сентября, это верно?
8. За хорошую успеваемость в школе (Für ihre guten Leistungen in der Schule) она получила от отца велосипед. Она была этим подарком очень довольна.

Задание 9. Составьте короткие диалоги по образцу.

„Was machst du morgen nachmittag?" — „Ich bin ratlos, jetzt weiß ich nicht mehr, was ich machen soll".

Задание 10. Скажите по-русски.

1. Das habe ich dir zuliebe getan.
2. Ich gehe nur dir zuliebe hin.
3. Tu es mir zuliebe.
4. Nur dir zuliebe bin ich hier geblieben.
5. Dir zuliebe mußten wir so lange warten.

Задание 11. Замените разговорные варианты (wegen dir/mir/ihm/ihr) общеупотребительными (deinetwegen, meinetwegen, seinetwegen, ihretwegen) и переведите предложения на русский язык.

1. Wegen mir braucht ihr nicht auf den Urlaub zu verzichten.
2. Wegen dir mußten wir so lange warten.
3. Wegen ihm kommen wir immer zu spät.
4. Wegen ihr habe ich mich für ihren Sohn eingesetzt.
5. Ich bin nur wegen dir gekommen.
6. Du brauchst wegen mir nicht zu warten.
7. Sie hat nur wegen ihm angerufen.
8. Ich tue das nur wegen dir.

Задание 12. Просклоняйте личные местоимения.

Nominativ: ich, du, er, sie, es, wir, ihr, sie, Sie

Genitiv:

Dativ:

Akkusativ:

Задание 13. Проверьте себя по таблице склонения личных местоимений на стр. 19.

Задание 14. Ответьте на вопросы:

1. Auf wen bist du stolz? — Ich bin stolz auf (ты, он, она, они, вы).
2. Wem bist du dafür dankbar? — Ich bin (Вам, ей, им, ему, тебе, вам) dafür dankbar.
3. Auf wen ist sie böse? — Sie ist auf (на себя саму, на него, их, тебя, нас, меня, вас) böse.
4. Mit wem ist er verwandt? — Er ist (со мной, с ним, с тобой, с ними, с ней, с нами, с вами) verwandt.
5. Wer kommt mit mir ins Kino? — (Я, она, мы, он, они).
6. Wen kennst du hier? — Я знаю тебя (ее, его, вас, их).

Задание 15. Прочитайте предложения. Переведите предложения на русский язык.

1. Was haben wir Neues, Martina?
2. Wir tun das nicht wieder, nicht wahr, Herbert?
3. Wir kommen damit zu einer sehr wichtigen Frage, auf die wir etwas näher eingehen müssen.
4. Wir wollen uns jetzt den zu erwartenden Entwicklungen im Gesellschaftsrecht zuwenden, ...
5. Doch bevor wir dem ein wenig näher nachgehen, wollen wir uns ein Bild davon verschaffen, wie nach geltendem Recht ein Strafverfahren abläuft.
6. Wir werden später noch einmal darauf zu sprechen kommen.
7. Wir halten es für richtig, auf dieses Fremdwort zu verzichten.
8. Wie haben wir denn heute nacht geschlafen?
9. Nun, wie fühlen wir uns denn heute?
10. Das wollen wir doch vermeiden, Kinder.
11. Wir haben wohl nicht aufgepaßt, was?
12. Aber da werden wir doch nicht gleich weinen, Kind!
13. Nun kommen wir zu Punkt 3 der Tagesordnung.
14. Wir werden diese Frage weiter unten behandeln.

Задание 16. Найдите в Задании № 15 предложения, в которых *wir* может употребляться в значении *ich* в авторской речи с добавочным оттенком соучастия с собеседником, с оттенком скромности говорящего/пишущего.

Задание 17. Найдите в Задании № 15 предложения, в которых местоимение *wir* употребляется вместо *du* или *ihr, Sie*, когда говорящий выражает свое сочувствие, сопереживание, обращаясь к собеседнику.

Задание 18. Найдите в соответствующем разделе информацию о функциях местоимения *wir*. Проверьте правильность своих ответов посредством информации пособия.

Задание 19. Скажите, какую функцию выполняет местоимение *sie* в нижеследующих предложениях. Каким местоимением оно может быть заменено? Проверьте себя посредством информации о значении и функциях местоимения sie в соответствующем разеделе пособия.

1. In den Anlagen wurde Ordnung geschaffen, sogar die Bänke haben sie neu gestrichen.
2. Dem haben sie das Auto gestohlen.
3. Jetzt wollen sie schon wieder die Benzinpreise erhöhen.
4. Haben sie dir auch eine Mahnung geschickt?
5. Vor der Oper haben sie ein paar Bäume gepflanzt.
6. Mir haben sie vor kurzem das Motorrad gestohlen.
7. Hier wollen sie jetzt eine Autobahn bauen.
8. Sie haben mir meine Uhr gestohlen.

Задание 20. Замените местоимения sie в задании № 19 местоимением *man*. Переведите предложения на русский язык.

Задание 21. Скажите, в какой речи местоимение *man* может заменяться местоимением *sie* (в публицистической, научной или разговорной речи)?

Задание 22. Употребите в следующих предложениях вместо существительных личные местоимения, соблюдая правила их расположения в предложении.

1. Der Sohn will heute seinen Eltern einen Brief schreiben.
2. Morgen erklärt der Lehrer den Schülern diese Regel.
3. Der Chef diktiert der Sekretärin einen Brief.

Задание 23. Исправьте порядок слов в предложении.

1. Morgen zeigt ihnen er es.
2. Morgen zeigt der Lehrer dir es.
3. Er schickt ihnen es noch heute.

Задание 24. Замените местоимения именами существительными. Обратите внимание на порядок слов в предложении.

1. Er will es ihm erklären.
2. Morgen zeigt er sie ihnen.
3. Wir geben ihn ihnen heute nachmittag.
4. Das werde ich dir nie verzeihen.

Задание 25. Вы задаете вопрос собеседнику/собеседникам по-русски. Один из Ваших собеседников переводит этот вопрос на немецкий язык, а третий собеседник отвечает на него по-немецки.

Образец:
A: Wie heißen Sie? *B: Ich heiße Helga Huber.*
А: Как Вас зовут? *В: Меня зовут Хельга Хубер.*

1. Как тебя (его, ее, нас, вас, Вас, меня, их) зовут?
   — Меня (его, ее, нас, их, Вас, вас) зовут ...
2. Как Вы поживаете?/Как Ваши дела? — Мне живется хорошо/Мои дела хороши.
3. Сколько тебе (ему, ей, Вам) лет? — Мне (ему, ей, тебе) ... лет.

4. Где ты (я, он, она, мы, они, вы, Вы) живёшь? — Я (ты, он, она, мы, Вы, вы, они) живу в городе/деревне.

Задание 26. Ответьте на вопросы и разыграйте по ролям похожие диалоги.

1. Wie heißen Sie?
2. Wie heißt du?
3. Wie heiße ich?
4. Wie heißt er/sie, es?
5. Wie heißen wir?
6. Wie heißt ihr?
7. Wie heißen sie?
8. Wie alt sind Sie?
9. Wie alt bist du?
10. Wie alt bin ich?
11. Wie alt ist er/sie/es?
12. Wie alt sind wir?
13. Wie alt seid ihr?
14. Wie alt sind sie?
15. Wie geht es Ihnen?/dir, ihm, ihr, euch, ihnen?
16. Wo wohnen Sie?
17. Wo wohnst du?
18. Wo wohnt er/sie, es?
19. Wo wohnen wir?
20. Wo wohnt ihr?
21. Wo wohnen sie?

Задание 27. Раскройте скобки и употребите местоимения в правильной форме.

1. Morgen besuche ich (du, er, sie, es, ihr, sie, Sie).
2. Ich helfe gern (du, er, sie, es, ihr, Sie, sie).
3. Ich erbarme mich (Genitiv) deiner (er, sie, es, ihr, sie, Sie).

Задание 28. Поставьте личные местоимения в дативе.

1. Ich gratuliere (du, sie, Sie, er) zum Geburtstag.
2. Ich habe (er, sie/она, sie/они) zum bestandenem Examen schriftlich gratuliert.
3. Hast du (sie, sie/они, er) zur Hochzeit/zur Verlobung gratuliert?
4. Meine Eltern gratulierten (ich, wir, sie) zum neuen Jahr.

Задание 29. Ответьте на вопросы, используя указанные местоимения в правильном падеже.

1. Wem hast du zum Erfolg gratuliert? — Ich habe (его, ее, их) zum Erfolg gratuliert.
2. Für wen sorgst du? — Ich sorge für (er, sie/она, sie/они, ihr, sie).

Задание 30. Скажите, кого он хочет поздравить с помолвкой.

Er will (меня, тебя, его, ее, нас, их, Вас, вас) zur Verlobung gratulieren.

Задание 31. Прочитайте диалог по ролям. Выпишите из него все личные местоимения. Определите функции и падеж местоимений. Разыграйте диалог по ролям, употребляя как можно больше местоимений.

Диалог

— Hallo! Ihr seid doch sicher Jan und Eva?
— Ja, das sind wir!
— Guten Tag und herzlich willkommen in Zwickau! Ich bin Uwe.

— Guten Tag. Und wo ist Inge?
— Sie steht am Ende des Bahnsteigs und wartet dort. Aber dort kommt sie ja.
— Guten Tag, Eva. Guten Tag, Jan. Ich bin also Inge.,
— Wir freuen uns sehr. Vielen Dank für eure Einladung.
— Uwe, nimm mal Evas Gepäck. Wie war die Reise?
— Ganz gut! Im Zug war es zwar ziemlich heiß, aber es gab viel Spaß. Mit uns reiste eine Jugendgruppe.
— Entschuldige mal, Eva. Die drei Koffer und die vier Taschen, ist das dein Gepäck oder das Gepäck der Jugendgruppe?
— Das ist mein Gepäck. Nur eine Tasche gehört Jan, die soll er selbst tragen.
— Na denn! Wartet mal, ich organisiere schnell ein Taxi!
— Das ist eine gute Idee!
— Hallo, kommt hierher! Bitte einsteigen! So, nun aber schnell, sonst wird Mutters Kaffee kalt.

Задание 32. Исправьте порядок слов в предложениях.

1. Gestern hat ihm es er geliehen.
2. Die Bibliothekarin gibt das Buch ihm.
3. Aus der Schweiz ruft mein Bruder mich bestimmt nicht an.
4. Er gibt mir sie (die Illustrierte) für ein paar Tage.

Задание 33. Скажите, правильный ли порядок слов в следующих предложениях.

1. Kann ich (mir) einen Bleistift bei dir ausleihen?

2. Würdest du mir bitte dein Auto morgen kurz ausleihen?
3. Von Tag zu Tag geht es mir besser. Bald bin ich wieder gesund.
4. Der Lehrer gab ihm (dem Schüler) das Buch vor dem Unterricht.
5. Der Lehrer gab es dem Schüler vor dem Unterricht.
6. Der Lehrer gab es ihm vor dem Unterricht.
7. Um 8 Uhr bringt mir der Briefträger die Post.
8. Gestern hat er mir das Motorrad geliehen.
9. Gestern hat er es mir geliehen.
10. Zum Glück hat es ihm der Professor noch mal erklärt.

Задание 34. Ответьте на вопросы. В ответах вместо существительных употребите соответствующие местоимения.

Образец: Hat der Arzt dem Mann die Medikamente verschrieben?
Ja, er hat es ihm verschrieben.

1. Hat der Mann den Kindern den Fußball weggenommen?
2. Hat der Reiseleiter den Touristen das Hotel „Drei Löwen" empfohlen?
3. Borgst du der Familie Weber das Auto?
4. Hat der Chef den Bewerbern schon eine Nachricht zugesandt?
5. Hat der Verlag dem Verfasser das Manuskript zurückgesandt?
6. Hast du deinem Freund dein Geheimnis verraten?
7. Hat Christa dir deine Frage beantwortet?
8. Hat Monika der Hauswirtin einen Blumenstrauß zum Gebeurtstag geschenkt?

9. Hat Ursula dir ihre Ankunft verschwiegen?
10. Liefert die Firma den Kunden die Ware kostenlos ins Haus?
11. Teilst du deinen Verwandten deine Ankunft mit?
12. Verbietet der Landtag den Studenten die Demonstration?
13. Hat dir der Kaufmann die Lieferung versprochen?
14. Haben die Jungen den Eltern das Abenteuer erzählt?
15. Hat der Hotelgast der Schauspielerin den Brilliantschmuck gestohlen?
16. Hat die Gemeindeverwaltung deinen Freundinnen die Pensionsadressen zugeschickt?

Задание 35. Раскройте скобки. Выберите нужную форму местоимения и обоснуйте свой выбор.

1. Morgen kommt Herr Schmidt aus München. Fräulein Scharf kann (ihm, ihn, seiner) abholen.
2. Bergmanns sind wieder zurück. (Ihr, er, du, wir, sie) haben (euch, ihnen, sie) in der Stadt getroffen.
3. Habt (Sie, du, ihr) morgen Zeit? (Sie, ihr, wir) möchten (sie, euch, sie) zum Essen einladen.
4. Meine Eltern sind gestern zurückgefahren. (Ich, sie, ihr, wir) haben (ihnen, euch, sie) zum Bahnhof gebracht.
5. Tut mir leid, Bernd. (Ich, sie, er, es) wollte (dir, dich, deiner) anrufen, aber (sie, du, er) warst nicht zu Hause.
6. Am Dienstag hatten wir Besuch. Brigitte und ihr Mann waren bei (unser, uns).
7. Kennt (du, Sie, ihr) Heims? — Ja, (ich, sie, wir, ihr) spielen jede Woche mit (sie, ihrer, ihnen) Tennis.

Задание 36. Представьте себе. Ваш друг звонит Вам и задает Вам несколько вопросов. Ответьте на них. В ответах употребите личные местоимения.

Образец: Warum bist du nach München geflogen? — Weil ich keine Zeit hatte.

1. Warum bist du zu Fuß ins Büro gegangen?
2. Warum hat dein Bruder gestern nicht Tennis gespielt?
3. Warum sind deine Eltern ärgerlich?
4. Warum hat Monika nicht angerufen?
5. Warum seid ihr nicht mit dem Taxi gefahren?
6. Warum hat Fräulein Krause die Einladung vergessen?

Задание 37. Воспроизведите упражнение № 36 (со своим собеседником) в лицах в форме мини-диалогов.

Задание 38. Исправьте ошибки, допущенные в предложениях при употреблении местоимений.

1. Dort am Fenster sitzt Herr Starke.
   Können Sie ihm sehen?
2. Herr Lex kennt Berlin gut.
   Fragen Sie er, wo das Schloß Charlottenburg liegt.
3. Herr Lindner wartet seit einer Stunde auf Sie.
   Können ihr, ihm anrufen?
4. Herr Fleischer wohnt schon seit zwei Monaten in Einring.
   Kennen ihr ihm schon?
5. Wir wollen nach Sulzbach — Rosenberg.
   Können ihr uns mitnehmen? Wir werden euch sehr dankbar sein.
6. Wir gehen heute abend ins Theater.

Wir möchten ihnen einladen.
7. Warum müssen ihr sparen?
Wir will nächstes Jahr ein Haus bauen.
8. Warum brauchen ihr noch Brot?
Wir haben heute abend Gäste.
9. Warum will Herrr Fischer die Besprechung verschieben?
Es muß nach Chemnitz fliegen.

Задание 39. Замените прямой порядок слов обратным. Обратите внимание на расположение местоимений в предложении. Помните, что обратный порядок характерен для разговорной речи и для языка художественной литературы. Начинайте предложения с выделенных слов и словосочетаний.

1. Der Beamte hat es Ihnen *bestimmt* gesagt.
2. Er gibt mir Papiere *morgen* zurück.
3. Sie hat mich *heute* wieder furchtbar gefreut.
4. Er hat es mir *bis heute* verschwiegen.
5. Er hat *die Frage* leider immer noch nicht beantwortet.
6. Dein Bruder hat es mir *gestern* doch ganz anders dargestellt.
7. Er hat *natürlich* immer vorsichtig gefahren.
8. Er hat *den Lesern* mit seinem Zeitungsartikel nur geschadet.
9. Der Chef schlug *vor Ärger* mit der Faust auf den Tisch.
10. Sie erklärte uns *vorsichtshalber* die ganze Sache noch einmal.
11. Der Schmuck liegt *aus Sicherheitsgründen* im Safe der Bank.
12. Wir haben ihn *zufällig* auf dem Wege nach Hause getroffen.
13. Ihr habt *mich* überhaupt nicht beachtet.

14. Es hat *in der Nacht* stark geregnet.
15. Der Zeuge hat ihn *trotz der Sonnenbrille* sofort erkannt.
16. Der Bäcker bringt mir *seit einer Woche* die Brötchen ins Haus.
17. Der Nachbar hat ihnen schon *seit langem* mißtraut.
18. Sie hat ihm *wütend* die Tür vor der Nase zugeschlagen.

Задание 40. Скажите по-русски.

1. Kommst du oft hierher?
2. Mein Cousin kommt morgen zu mir.
3. Kurz gesagt, es geht ihm schlecht.
4. Wie kommt es, daß wir uns so selten sehen?
5. Ich konnte doch nicht ahnen, daß ihn das so kränken würde.
6. Der Job interessiert mich schon, aber wie sind Sie ausgerechnet auf mich gekommen?
7. Bei wem haben Sie Deutsch?
8. Sie hat verlernt, deutsch zu sprechen.
9. Eine Eins bekommt nicht jeder.
10. Du mußt dich bei ihr dafür entschuldigen.
11. Er will mich nicht von meiner Arbeit ablenken.
12. Ich bin mit ihm schon lange befreundet.
13. Der Schüler zeigt/vollbringt gute Leistungen in Deutsch.
14. Sie hat einen guten Ruf.
15. Nächstes Jahr, nämlich im Mai, fliegen wir in die USA.
16. Er ist gut gelaunt — er hat nämlich seine Prüfung mit der Note „gut" bestanden.
17. Es besteht der Verdacht, daß er der Täter ist.
18. „Sollen wir heute abend ins Theater gehen?" — „Das steht ganz bei dir".

19. Es steht bei dir, of wir wieder nach Österreich fahren.
20. Dieser Bewerber scheidet sich aus, weil er die Prüfung nicht bestanden hat.
21. Wir sind erst gestern mit dem Wohnwagen angereist.
22. Wer gibt dir Unterricht in Deutsch?
23. Sie unterrichtet mich in Deutsch.
24. Die Ärzte geben ihm noch ein Jahr (zu leben).
25. Die Indizien sprechen gegen ihn als Täter.

Задание 41. Дополните личные местоимения.

1. Der Vater hatte dem Sohn nach dem Abitur eine Reise nach Frankreich versprochen. ... wollte ... ... voll finanzieren.
2. Der Museumsdirektor zeigte den Gästen die Ausstellung. In einem einstündigen Vortrag führte ... ... jedes einzelne Bild vor.
3. Der Gefangene bat um seine Uhr, aber man gab ... ... nicht.
4. Ein Dieb hatte einer Rentnerin die Handtasche gestohlen. Nach einer Stunde konnte man ... ..., allerdings ohne Geld und Papiere, zurückgeben.
5. Ein Bauer hatte den Wanderen den Weg zum Berg „Die schlafende Hexe" erklärt. Sie fanden ihr Ziel leicht, denn ... hatte ... ... sehr gut beschrieben.
6. Der Landwirt (der Bauer) mußte das Gebäude wieder abreißen. Das Bauamt hatte ... ... nicht genehmigt.
7. Gisela hatte sich von ihrem Freund ein Armband gewünscht. ... schenkte ... ... zu ihrem Geburtstag.
8. In ihrem Testament vermachte (schenkte) die alte Dame ihren Neffen ein ganzes Vermögen. Der Notar ließ ... ... durch die Bank überweisen.

9. Er bat den Arzt um den Termin für die Operation, aber ... teilte ... ... nicht mit.
10. Der Polizist hatte dem Fahrer den Führerschein entzogen. Nach einem Jahr gab ... ... zurück.
11. Alle Kinder hören gern die Märchen von den Gebrüdern Grimm, und die Großväter erzählen ... ... gern.
12. Der Gast hatte bei dem Kellner noch ein Bier bestellt, aber ... brachte ... ... nicht.

Задание 42. Продолжите письмо своему другу, к которому Вы обращаетесь на ты/du.

Lieber Frank,
ich ...

Задание 43. Напишите письмо своему знакомому, к которому Вы обращаетесь на Вы/Sie.

Sehr geehrter Herr Kurz,
ich ...

Задание 44. Вставьте подходящие местоимения.

1. Gefallen dir diese Bilder? Ich schenke ... ... gern.
2. Schenkst du mir auch das Geld dafür? — Ja, ich schenke ... .
3. Du hast mein Wörterbuch bekommen, bitte gib ... ... wieder!
4. Mutti, darf ich Sonnabend in die Disko gehen? — Ja, ich erlaube ... .
5. Möchtest du dieses Buch lesen? — Ich borge ... ... gern.
6. Es regnet, hast du keinen Schirm? — Nimm meinem, ich bringe ... ... sofort!
7. Liegt dort die heutige Zeitung? Bitte reiche ... ... !

8. Mir fehlt meine Geldtasche, hoffentlich hat ... ... niemand entwendet (gestohlen).
9. Der Kranke darf nicht rauchen; der Arzt hat ... ... verboten.
10. Die Kellnerin hat die Rechnung gebracht, ich bezahle ... ... sogleich.
11. Was gibt's Neues? Erzähle ... ... !
12. Wie geht man mit diesem Computer um? Bitte zeigen Sie ... ... !
13. Die Buchhändlerin sagt:„Das Buch ist augenblicklich vergriffen, aber nach einer Woche können wir ... ... schicken".
14. Unser Nachbar hat viel für uns getan. Wie können wir ... dafür belohnen?

Задание 45. Замените имена существительные в дативе и аккузативе соответствующими местоимениями.

1. Die Schneiderin macht meiner Frau ein neues Kleid.
2. Der Passant zeigt dem Ausländer die Humboldt-Universität.
3. Die Ärztin machte dem Kranken große Hoffnungen.
4. Ich zeige dem Freund das Bild.
5. Der richtige Gelehrte opfert der Wissenschaft seine Gesundheit.
6. Der Diplomat verrat den Feinden kein Geheimmis.
7. Die Bank borgt den Kaufleuten Geld.
8. Ich schicke den Eltern einen Brief/ein Telegramm.
9. Der Straßenlärm raubt dem Gelehrten die Ruhe.
10. Ich habe diese Neuigkeit schon gehört, mein Freund hat ... ... mitgeteilt.
11. Das Haus ist unser Eigentum, denn die Verwandten haben ... ... geschenkt.
12. Ihr seid in Not? Hier ist Geld, wir leihen ... ... gern.

Задание 46. Напишите сначала соответствующие существительные к каждой картинке, а затем замените их личным местоимением.

Задание 47. Прослушайте диалог. Запишите на слух все местоимения, которые встречаются в диалоге; напишите к ним русские соответствия. Воспроизведите диалог по лицам. Употребите как можно больше местоимений.

Die Kollegmappe (Die Mappe)

Angela: Du, Petra, meine Kollegmappe ist weg.
Was soll ich bloß machen?
Petra: Deine Kollegmappe?
Wo hast du sie verloren?

Angela: Ich weiß es nicht.
Petra: Hast du auch überall gesucht?
Angela: Ja, überall, und ich kann sie nirgends finden. Ich glaube, ich muß jetzt zum Fundbüro gehen und dort fragen.
Petra: Weißt du was, kauf dir doch gleich eine neue.
Angela: Das kann ich machen, aber erst muß ich die alte finden.
Petra: Warum denn?
Die alte ist doch nicht mehr schön, und der Reißverschluß ist auch kaputt.
Angela: Das stimmt.
Aber in der alten Mappe ist mein ganzes Stipendium.

Задание 48. Прослушайте диалог еще раз. Воспроизведите его со своей собеседницей.

Задание 49. Ответьте на вопрос: "Почему Angela хочет во что бы то ни стало найти свой портфель/ свою папку?

Задание 50. Прочитайте диалог. Выпишите из него все местоимения. Распределите их по семантическим разделам. Разыграйте диалог по ролям. Составьте аналогичный диалог на русском языке.

Beim Pförtner des Studentenheims

A: Entschuldigen Sie, ich habe meine Tasche verloren. Haben Sie sie vielleicht gefunden?
B: Ja, wissen Sie, hier liegen jetzt drei Taschen. Was für eine Tasche ist es denn?

A: Eine Kollegmappe.
Sie ist schwarz, aus Leder, und der Reißverschluß ist kaputt.

B: Und was ist in der Tasche?

A: Bücher, Hefte, Schreibzeug, eine Sonnenbrille und eine Brieftasche mit Geld.

B: Wieviel Geld?

A: Etwa 180 Mark.

B: Ist sie das?

A: Ja, das ist meine Tasche.
Bin ich aber froh!
Wie soll ich Ihnen danken?

B: Aber bitte. Keine Ursache!
Ich glaube, Sie müssen besser auf Ihre Sachen achten, mein Fräulein.

Задание 51. Просмотрите диалог и сосчитайте, сколько личных местоимений использовано в данном диалоге.

Задание 52. Напишите аналогичный диалог по-немецки и отдайте его учителю/преподавателю для проверки.

Задание 53. Разыграйте аналогичный диалог по-немецки со своим собеседником/собеседницей.

Задание 54. Прослушайте текст. Запишите в свою тетрадь при первом прослушивании местоимения. Прослушайте текст еще раз и уточните свой список местоимений.

Uwe hat große Pläne

Nach 15 Minuten hält das Taxi vor der Haustür der Familie Rau. Uwe bezahlt, und dann gehen alle ins Haus. Frau Rau begrüßt die Gäste und zeigt ihnen ihre Zimmer. Inge führt ihre neuen Freunde ins Bad.

Hier können sie sich erst einmal waschen. Dann bittet Frau Rau die jungen Leute an den Kaffeetisch. Eva bedankt sich für den freundlichen Empfang und die Einladung. Sie hat für Frau Rau ein Souvenir — eine Vase. Frau Rau dankt für das Geschenk. Dann greifen alle tüchtig zu. Frau Raus Kuchen ist ausgezeichnet. Jan nimmt schon das vierte Stück. Eva sieht ihn mit einem strafenden Blick an, aber Frau Rau lacht. Ihren Gästen schmeckt es. Das freut sie. Nun hat Uwe eine Überraschung. Er hat schon einen Plan für den gemeinsamen Urlaub gemacht. Alle sind gespannt.

Am Montag wollen sie die Stadt besichtigen.

Ab Dienstag ist eine mehrtägige Radtour durch das Vogtland geplant.

In der zweiten Woche steht Leipzig auf dem Programm. Herr Rau will sie im Auto mitnehmen. Er hat in dieser Woche in Leipzig auf der "agra" zu tun.

Für die dritte Woche hat Uwe noch nichts Genaues festgelegt. Er denkt aber an einen Dresden-Besuch. Vielleicht werden sie per Anhalter oder mit dem Bus fahren. Das Elbsandsteingebirge will er seinen Freunden auch zeigen.

Für die vierte Woche bleiben dann die Städte Weimar und Erfurt. Selbstverständlich wollen sie auch Eisenach mit der Wartburg und dem Bachmuseum besuchen.

Alle finden den Plan gut, aber sehr anstrengend. Morgen wollen sie noch einmall genauer darüber sprechen.

Задание 55. Распределите местоимения из текста по лицам и числам.

Задание 56. Прослушайте текст еще раз и перескажите его по-немецки, используя при этом как можно больше местоимений.

Задание 57. Скажите, в каких функциях и значениях употреблены в тексте местоимения.

Задание 58. Замените имена существительные соответствующими личными местоимениями.

Задание 59. Расскажите по-немецки о планах Уве. Употребите при этом по возможности местоимения.

Задание 60. 1. Найдите в тексте предложение „Vielleicht werden sie per Anhalter oder mit dem Bus fahren". 2. Переведите его на русский язык. 3. Как Вы понимаете выражение „per Anhalter fahren"?

Задание 61. Обоснуйте, почему в Германии молодые люди любят путешествовать автостопом.

Задание 62. Как Вы думаете, почему в России этот вид путешествия не очень распространен. Отвечайте на этот вопрос от первого лица единственного числа.

Задание 63. Ответьте на вопрос по образцу.

Образец: Was muß man besorgen?
   Wir wollen mit dem Schlafwagen fahren.
   → Wir müssen Schlafwagenkarten
      besorgen.

1. Wir wollen ins Kino gehen.
2. Wir wollen einen Roman von Kant lesen.
3. Wir wollen das Mittagessen selbst kochen.
4. Wir wollen ins Schwimmbad gehen.
5. Wir wollen unsere Freunde zum Kaffee einladen.
6. Wir wollen einige Briefe abschicken.

Задание 64. Переведите предложение на русский язык и проверьте себя по ключу.

Он дарит книгу мне (тебе, ему, ей, нам, вам, им).

Задание 65. Вместо точек поставьте недостающие местоимения (sie, ihm, ihn, ihr, ihnen). Скажите, что помогло Вам при выборе правильной формы.

1. Kennen Sie Frau Biener? — Nein, aber ich möchte ... gern kennen-lernen.
2. Kennen Sie Herrn Große? — Ja, ich habe ... schon kennengelernt.
3. Sie sollen dem Ober helfen! Ich habe ... doch geholfen.

4. Sie sollen Frau Helbig helfen! — Ich habe ... doch geholfen.
5. Sie sollen den Damen das Frühstück bringen! — Ich habe es doch gebracht.
6. Haben die Kinder genug Geld? — Ja, ich habe ... zehn Mark gegeben.
7. Herr Kempcke und Herr Suchsland haben Durst. Bringen Sie ... eine Flasche Wein.
8. Kennen Sie Hern Schwabe? — Ja, ich habe mit ... zusammen studiert.
9. Sind Frau und Herr Kirst zu Hause? — Ja, ich habe gerade mit ... telefoniert.
10. Kommt Claudia heute abend? — Ja, ich habe mich mit ... zum Abendessen verabredet.
11. Mein Sohn ist schlecht in der Schule. Da kommt sein Lehrer. Sprechen Sie doch mal mit ... .

Задание 66. Вставьте личные местоимения.

1. ... schlafe ... schlafen
2. ... schläfst ... schlaft
3. ... schläft ... schlafen
   ... schlafen

Задание 67. Ответьте на вопрос: „Wer spricht akzentfrei Deutsch"?

1. ... spreche akzentfrei Deutsch.
2. ... sprichst akzentfrei Deutsch.
3. ... ... spricht akzentfrei Deutsch.
4. ... sprechen akzentfrei Deutsch.
5. ... sprecht akzentfrei Deutsch.
6. ... sprechen akzentfrei Deutsch.
7. ... sprechen akzentfrei Deutsch.

Задание 68. Скажите быстро по-немецки.

1) с ним, с нами, со мной, с ней, с тобой, с вами, с ними;

2) без меня, без тебя, без него, без них, без вас, без нас, без нее.

Задание 69. Замените имена существительные соответствующими местоимениями.

der Schüler, die Schülerin, das Fräulein, Fräulein Meier;

das Mädchen, die Eltern, meine Frau und ich, du und deine Schwestern, er und seine Kinder, das Kind.

Задание 70. Расскажите своему собеседнику о своем рабочем дне по-немецки, используя личные местоимения.

Задание 71. Побеседуйте со своим собеседником на тему "Семья", употребляя личные местоимения.

Задание 72. Переведите на немецкий язык. Проверьте правильность перевода по ключу.

1. Мы осмотрели новую квартиру. Она нам понравилась. Мы хотели бы ее купить.
2. Сегодня я получил от своих родителей письмо. Я ждал его уже две недели.
3. Что Вы понимаете под "демократией"?
4. Кем ты хочешь стать, после того как сдашь экзамен на аттестат зрелости?
5. Мы хотели бы поздравить тебя с днем рождения и подарить тебе эту книгу.
6. Ты не должен злиться на меня больше. Я ведь извинился перед тобой за это. Ты должен мне это простить.

7. Простите, скажите, пожалуйста, как мне лучше всего пройти к вокзалу?
8. Разреши поздравить тебя с твоим успехом! Ты сдал экзамен на «отлично».
9. «Откуда Вы ее знаете?» — «Я учился с ней вместе в Гейдельбергском университете на юридическом факультете.»
10. «Как ты поживаешь?» — «Спасибо, хорошо».
11. Я благодарю вас за то, что вы мне помогли.
12. «Могу я тебе помочь?» — «Да, спасибо».
13. «Еще чаю?» — «Нет, спасибо».
14. Он поблагодарил ее за подарок.
15. «Куда Вы поедете во время отпуска?» — «В горы».
16. Он помогает мне (ей, ему, тебе, нам, им, вам). Мы все благодарны ему за помощь. Без нее (помощи) нам пока не обойтись.
17. Вы ладите друг с другом или часто ссоритесь?
18. Они прислали нам приглашение на вечеринку.
19. Мы хотим познакомить тебя с ней. Она мила и умна.
20. Мои родители уже здесь. Они пришли час тому назад.
21. Я рад, что мы наконец закончили эту работу.
22. «Ты видел Вернера еще раз?» — «Конечно, его-то я вижу каждое утро в автобусе. Он вместе со мной ездит в университет. У него ведь тоже нет машины».
23. Во время каникул они всегда посещают нас.
24. Извините, что я Вас перебиваю: «Что Вы понимаете под «правовым государством»?»
25. Если мне ничто не помешает, в 7 часов я буду уже снова дома.
26. У меня такое впечатление, что здесь что-то не в порядке.
27. Его зовут Карл, а ее зовут Хельга.

28. Как будет по-немецки «Как твои дела?/Как ты поживаешь?»
    — По-немецки это будет «Wie geht es dir?»
29. Говорят, она бегло говорит по-немецки, это верно?
30. Она ему больше не верит, так как он обманывал ее несколько раз.
31. Я несколько раз звонил тебе, но тебя все время не было на месте.
    Где же ты был целый день?
32. При случае я тебя навещу.
33. Она лишь иногда пьет кофе, в большинстве случаев она пьет чай.
34. Он спрашивал тебя обо мне?

Задание 73. Прослушайте диалог и постарайтесь понять:
а) почему господин В пришел на работу усталым?
б) почему он подыскивает себе другую квартиру?
в) кто с кем разговаривает и в какой форме обращаются собеседники друг к другу?

Eine Unterhaltung

A: Guten Morgen! Wie geht's?
B: Danke. Schlecht.
A: Ah, sind Sie krank?
B: Nein, ich bin müde. Ich habe schlecht geschlafen und habe zuviel Arbeit. Gestern habe ich bis zwölf Uhr nachts gelesen, und heute morgen bin ich um sechs Uhr aufgestanden.
A: Müssen Sie denn so früh aufstehen?
B: Ja, mein Zug geht nämlich um sieben.
A: Können Sie nicht umziehen?

B: Das will ich ja. Ich suche seit drei Jahren eine neue Wohnung, aber ich habe noch keine gefunden. Wir hatten ja eine in der Stadt, aber die war zu klein. Mein Sohn ist jetzt sechzehn, der braucht ein Zimmer.
A: Ich gehe jetzt einen Kaffee trinken. Kommen Sie mit?
B: Ja, warum nicht?

Задание 74. Прослушайте диалог еще раз. Запишите на слух все местоимения диалога.

Задание 75. Воспроизведите диалог в лицах по-немецки.

Задание 76. Запишите на слух предложения, начинающиеся с местоимений *ich, wir*.

Вопросы и задания для самопроверки

1. Назовите личные местоимения.
2. Назовите значения личных местоимений.
3. Для чего служат личные местоимения?
4. В чем заключается разница между **ihr** и **Sie**?
5. Когда обращаются к собеседнику на **du**?
6. В каких случаях прибегают к вежливой форме обращения?
7. Какое место занимает личное местоимение в предложении с прямым и обратным порядком слов?
8. Быстро просклоняйте личные местоимения и проверьте себя по таблице.
9. Скажите, когда существительное das Mädchen может быть заменено местоимением **es**, а когда — местоимением **sie**?

§ 2. Притяжательные местоимения
(Possesivpronomen)

В немецком языке каждому личному местоимению соответствует притяжательное местоимение:

ich — mein, du — dein, er — sein (sie — ihr, es — sein);

wir — unser, ihr — euer, sie — ihr, Sie — Ihr.

Итак, к притяжательным местоимениям относятся:

mein, dein, sein (ihr, sein); unser, euer, ihr, Ihr.

Притяжательные местоимения указывают на принадлежность кого-либо какому-либо лицу или чего-либо кому-либо.

По отношению к предметам притяжательное местоимение всегда обозначает их владельца:

Das ist meine Uhr = Sie gehört mir (Ich bin der Besitzer dieser Uhr).

Das ist seine Uhr = Sie gehört dem Bruder.

Das ist ihre Uhr = Sie gehört meiner Schwester.

Das ist sein Spielzeug = Das Spielzeug gehört dem Mädchen.

Das ist unser Haus = Das Haus gehört uns.

Das ist euer Haus = Das Haus gehört euch.

Das ist ihr Auto = Das Auto gehört ihnen.

Das ist Ihre Handtasche = Sie gehört Ihnen.

Притяжательные местоимения *Ihr, Ihre* при вежливой форме обращения могут указывать на принадлежность к одному или нескольким лицам:

Ist das Ihr Haus? — Ja, es gehört mir.

Ist das Ihr Haus? — Ja, es gehört uns (mir und meiner Frau)

Морфологически притяжательные местоимения характеризуются тем, что имеют формы рода и числа.

Если грамматический род не совпадает с естественным, то выбор притяжательного местоимения может колебаться:

Das Mädchen läuft auf seine / ihre Eltern zu.

Das Mädchen spielt mit seiner / ihrer Freundin.

Притяжательные местоимения в функции определения имеют зависимые (от лица или предмета, которые стоят после притяжательного местоимения) формы рода, числа и падежа, подобные зависимым формам прилагательных и склоняются подобно прилагательным:

Mein Großvater gratuliert mir zum Geburtstag. Das Geschenk **meines Großvaters** gefällt mir sehr. Ich danke **meinem Großvater** für sein Geschenk. Ich besuche **meinen Großvater** gern.

В единственном числе притяжательные местоимения при склонении получают окончания неопределенного артикля.

Склонение притяжательных местоимений
(Deklination der Possesivpronomen)

Kasus/Fall	Singular		
	maskulin	*feminin*	*neutral*
Nom.	mein Bruder	meine Schwester	mein Kind
Gen.	meines Bruders	meiner Schwester	meines Kindes
Dat.	meinem Bruder	meiner Schwester	meinem Kind
Akk.	meinen Bruder	meine Schwester	mein Kind

Kasus/Fall	Plural
	maskulin / feminin / neutral
Nom.	meine Brüder / Schwestern / Kinder
Gen.	meiner Brüder / Schwestern / Kinder
Dat.	meinen Brüdern / Schwestern / Kindern
Akk.	meine Brüder / Schwestern / Kinder

Примечание:

Притяжательные местоимения *unser* и *euer* теряют последнее **e**, если окончание начинается с гласной (unsren Sohn, unsrem Sohn, unsres Kindes, unsrer Stadt, unsren Freunden, eurem Sohn, eure Kinder). Но полные формы тоже употребительны: *unseren, eueren*.

Обратите внимание на различие между личным местоимением ihr/вы и притяжательным местоимением ihr / ee / их:

Ihr arbeitet doch bei der Post, nicht wahr?

Heute geht **ihr Kind** nicht in den Kindergarten.

В предикативной функции притяжательное местоимение может использоваться как склоняемое, так и несклоняемое слово:

Ich habe meinen Kugelschreiber vergessen.

Kannst du mir den **deinen** geben?

Das rote Auto dort ist **mein / (es)s**.

Der Füller ist **mein**. Nein, das ist **meiner**.

Обычно перед притяжательными местоимениями артикль не употребляется, но иногда он встечается:

(Wie geht es deinem Bruder?) Dem meinen geht es gut.

Jedem das Seine!

Grüße bitte deine Frau von der meinen!

Hier ist mein Heft. Und wo ist das deine?

Задания и упражнения к теме "Притяжательные местоимения"

Задание 77. Продолжите упражнение.

Ich sorge für meine Eltern.

Du sorgst für …
Er sorgt für …
Sie sorgt für …
Wir sorgen für …
Ihr sorgt für …
Sie sorgen für …
Sie/Вы sorgen für …

Задание 78. Переведите на русский язык. Обратите внимание на разницу в употреблении притяжательных местоимений.

1. Ich finde meinen Schlüssel nicht mehr.
2. Die Fans fahren oft meilenweit (sehr weit), um ihren Star zu sehen.
3. Auf meiner Reise lernte ich viele nette Leute kennen.
4. Ich fahre nach Nürnberg mit dem Bus. Mein Bus fährt um 8 Uhr vor dem Bahnhof ab.
5. Meine Schwester und mein Bruder wohnen jetzt in der Schweiz.
6. Ich frage meine Freundin nach ihrer Meinung.
7. Er fragte seine Mutter um die Erlaubnis, bevor er ihr Auto benutzte.
8. Er fragte seine Frau, ob sie mit ihm ins Kino gehe.
9. Nach einer kurzen Rast setzten sie ihre Reise fort.
10. Alfred Nobels Name lebt in seiner Stiftung fort.
11. Mein Bruder ist im Moment nicht da; er kommt erst gegen Abend wieder.
12. Er schreibt in seinem Brief, daß er krank ist.
13. Er schreibt schon seit Jahren an seiner Doktorarbeit.
14. Dein Kugelschreiber schreibt schlecht. Nimm meinen.
15. Wir danken Ihnen für Ihr Schreiben und teilen Ihnen hiermit mit, daß ....
16. Betrifft Ihr Schreiben vom 13. April.
17. Kinder, eurer Phantasie sind keine Schranken gesetzt.
18. Dein Sohn hat einen Autounfall gehabt.
19. Ihre Krankheit stellt für sie eine schwere Belastung dar.
20. „Eure Kinder lernen noch an einem Gymnasium, stimmt das?"

21. Sie sitzt ständig in ihrem Zimmer und lernt für die Prüfung.
22. Ohne eure Hilfe kommen wir nicht aus.
23. Wir können uns immer auf unsere Eltern verlassen.
24. Im Jahre 1896 verließ er seine Heimat und wanderte aus.
25. Sein Verhalten ist durch nichts gerechtfertigt.
26. Er liest ihren Brief schon zum zweiten Mal.
27. Sie kann seine Handschrift nicht lesen.
28. Wer kümmert sich um Ihre Blumen, wenn Sie im Urlaub sind?
29. Warum kümmert ihr euch nicht um eure Jungen?
30. Er lobt sie für ihren Fleiß.
31. Wir telefonieren mit unseren Großeltern zweimal monatlich.
32. Sie fragte mich nach seinem Namen und seiner Adresse.
33. Sie fragte mich nach meinem Namen und meiner Adresse.
34. Der Lehrer sagte zu den Schülern: "Ich bin mit euren Hausarbeiten unzufrieden. Eure Aufsätze werden mit der Note 3 ("befriedigend") bewertet".
35. Der Firmenchef lobte die Mitarbeiter für ihren Fleiß.
36. Sie hat ihm erzählt, daß ihre Großmutter schwer erkrankt ist.
37. Ihr Großvater kann ganz spannend erzählen.
38. Deine Ratschläge brauche ich nicht mehr.
39. Für ihre guten Leistungen in der Schule bekam sie von ihren Eltern ein Fahrrad.
40. Seine Schwester beherrscht drei Fremdsprachen.
41. Zu meinem Bedauern fiel das Konzert aus.
42. Sie kam tief gebräunt aus ihrem Urlaub auf den Bahamas zurück.

Задание 79. Дополните предложения соответствующими притяжательными местоимениями в дативе.

1. Das ist Herr Schmidt mit seiner Familie.
   ... Frau.
   ... Tochter.
   ... Sohn.
   ... Töchtern.
   ... Kind.
   ... Neffen (*Pl.*).

2. Das ist Frau Fischer mit ...
   ... Freundin.
   ... Freundinnen.
   ... Söhnen.
   ... Tochter.
   ... Nichte.

3. Das sind Gerd und Inge mit ...
   ... Freunden.
   ... Großeltern.
   ... Lehrerin.
   ... Mutter.
   ... Großvater.
   ... Hund.
   ... Spielsachen.
   ... Videokamera.
   ... Kassettenrecorder.
   ... Gepäck.
   ... Reisetaschen.
   ... Tennisbällen.

Задание 80. Делайте это упражнение вдвоем. Притяжательное местоимение стоит в именительном падеже.

Образец: **A:** Wo ist mein Stuhl?
B: Dein Stuhl ist hier.

Wo ist mein Deutschbuch?
Wo ist ihre Tasche?
Wo ist dein Kugelschreiber?
Wo ist sein Vater?
Wo sind eure Eltern?
Wo ist denn mein Regenschirm?
Wo sind deine Sachen?
Wo sind meine Handschuhe?
Wo sind Ihre Bücher?
Wo sind unsere Kinder?
Wo ist meine Brieftasche?

Задание 81. Укажите на принадлежность чего-либо кому-либо иначе.

Образец: Das Lexikon gehört mir = Das ist mein Lexikon.

1. Die Tasche gehört dir.
2. Die Handschuhe gehören ihr.
3. Das Einfamilienhaus gehört uns.
4. Der Wagen gehört den Eltern.
5. Die Möbel gehören euch.
6. Die Uhr gehört Ihnen.
7. Die Bücher gehören ihnen.
8. Der Schmuck gehört der Schauspielerin.
9. Das Bild gehört ihm.
10. Die Villa gehört meinem Onkel.
11. Die Brille gehört unserem Lehrer.

Задание 82. Объясните разницу между следующими предложениями.

1. Die Mutter liebt ihr Kind. Die Eltern lieben ihr Kind.
2. Ich habe ihren Bruden in der Bibliothek getroffen. Wir haben Ihren Bruder in der Bibliothek getroffen.

Задание 83. Дополните предложения словосочетаниями в скобках.

1. Der Vater liebt (своего сына, своего ребенка, свою дочь, своих детей, своих дочерей, своих сыновей).
2. Die Mutter liebt (своего сына, своего мужа, свою дочь, своего ребенка, своих детей).
3. Die Eltern lieben (своего сына, свою дочь, своего ребенка, своих детей, своих сыновей, своих дочерей).

Задание 84. Продолжите упражнение по образцу.

1. *Ich wohne in meinem Haus.*

2. Du wohnst in ....
3. Er wohnt in ....
4. Sie wohnt in ... .
5. Wir wohnen in ....
6. Ihr wohnt in ....
7. Sie wohnen in ....

Задание 85. Прочитайте диалог по ролям. Найдите в диалоге притяжательные местоимения и объясните их употребление.

Um neun Uhr ruft Herr Rößler seine Sekretärin an.

A: Ja, hier Rößler, Fräulein Kurz, haben Sie meinen Flugschein?

B: Ihr Ticket? Oh, tut mir leid, Herr Rößler, das liegt hier.

Задание 86. Вставьте подходящие притяжательные местоимения.

1. Der Beamte ist zufrieden mit ... Stellung, mit ... Gehalt.
   Er liebt ... Kinder, ... Arbeit, ... Beruf.
2. Die Hausfrau sorgt für ... Familie, für ... Mann, ... Kinder.
   Sie sorgt für die Sauberkeit in ... Haus.
3. Ich liebe dieses Land mit ... Klima, mit ... Flüssen, ... Bewohnern, ... Pflanzenwelt, ... Architektur.
4. Ich werde veranlassen, daß Sie ... Papiere umgehend bekommen.
5. Vor einem Monat haben wir ein Kind bekommen. Das Kind hat ... Leben sehr verändert.

Задание 87. Прослушайте текст и воспроизведите его по лицам. Составьте аналогичный диалог и употребите в нем как можно больше местоимений.

Fischers bekommen heute viel Besuch

„Sag mal, wieviel Personen sind wir eigentlich heute abend?"

„Claudia kommt mit ihrem Mann. Werner kommt mit seiner Freundin. Die kenne ich übrigens noch nicht. Monika wollte erst allein kommen. Ihr Mann mußte nämlich gestern nach Hamburg fahren. Aber sie hat mich heute morgen angerufen. Sie kommt mit ihrer Freundin. Herr Meier kommt mit seiner Frau. Er weiß aber noch nicht genau, wann er kommen kann. Wir sind also zusammen zehn Personen."

„Dann müssen wir im Wohnzimmer ein wenig Platz machen."

Задание 88. Выпишите из текста задания N 87 все местоимения и распределите их по семантическим разрядам.

Задание 89. Скажите по-немецки.

1. Я вижу его, его сестру, его брата, их детей, ваших, своих детей каждый день.
2. Я знаю их, их брата, их детей.

Задание 90. Дополните окончания притяжательных местоимений, где это необходимо.

Chemnitz, den 20. September

Lieber Franz,

dein... Antwort auf mein... Brief vom 10. September hat mich sehr gefreut. So werden wir also unser... Ferien gemeinsam auf dem Bauernhof mein... Onkels verbringen.

Sein... Einladung habe ich vorgestern bekommen. Er lädt dich, dein... Bruder und mich auf sein... Bauernhof ein. Mein... Freude kannst du dir vorstellen. Es war ja schon lange unser... Plan, zusammen zu verreisen.

Mein... Verwandten haben auf ihr... Bauernhof allerdings ihr... eigene Methode. Mein Onkel sorgt für Umweltschutz: er verwendet keinen chemischen Dünger, er düngt sein... Boden nur mit dem Mist sein... Kühe und Schafe. Ebenso macht es sein... Frau: ihr... Gemüsegarten düngt sie nur mit natürlichem Dünger. Ihr... Gemuse und ihr... Obst wachsen völlig natürlich. Sie braucht keine gefährlichen Gifte gegen Unkrauf oder Insekten und ihr... Obstbäume wachsen und gedeihen trotzdem. Deshalb schmecken ihr... Äpfel und Birnen auch besser als unser... gekauften Früchte.

Ihr... Hühner und Gänse laufen frei herum; nur abends treibt mein... Tante sie in ihr... Ställe. Dort legen sie Eier und brüten ihr... Küken aus; das wird dein... kleinen Bruder interessieren. Die Landwirtschaft mein... Verwandten ist übrigens sehr modern. Ihr... Haushalt versorgen sie mit Warmwasser aus Sonnenenergie; sogar die Wärme der Milch ihr... Kühe verwenden sie zum Heizen.

Die Maschinen sind die modernsten ihr... Dorfes.

Mein... Verwandten sind noch jung: mein.... Tante ist 27 Jahre alt, mein... Onkel ist 32. Ich finde ihr... Arbeit und ihr... Leben sehr richtig und sehr gesund. Aber du wirst dir dein... Meinung selbst bilden. Herzliche Grüße, dein... Werner.

Задание 91. Объясните, от чего зависит окончание притяжательных местоимений.

Задание 92. Прочитайте это письмо и передайте его содержание своими словами по-немецки.

Задание 93. Напишите аналогичное письмо, в котором Вы приглашаете своего друга провести каникулы в деревне у Ваших родственников. Употребите в своем письме притяжательные местоимения.

Задание 94. Дополните предложения, используя данные слова: mit meinem, mit meiner, mit seinem, mit seiner, mit ihrem, mit ihrer.

1. Wer kommt? Mein Sohn und ich. Ich komme ... Sohn.
2. Mein Vater und ich. Ich komme ... Vater.
3. Meine Mutter und ich. Ich komme ... Mutter.
4. Klaus und seine Freundin. Er kommt ... Freundin.
5. Ursel und ihr Bruder. Sie kommt ... Bruder.
6. Herr Kühn und seine Tochter. Er kommt ... Tochter.

7. Michael und sein Freund. Er kommt ... Freund.
8. Frau Weber und ihre Tochter. Sie kommt ... Tochter.

Задание 95. Вставьте *seinem, seiner, seinen*. Объясните, от чего зависят падежные формы притяжательных местоимений и почему здесь употребяляется местоимение *sein*.

1. Er schenkt ... Tochter ein Buch.
2. ...Tochter freut sich darüber.
3. Er kauft ... Sohn ein Auto.
   Der Sohn dankt ... Vater für diese Geschenk.
4. Er schickt ... Kindern Geld.
5. Er schreibt ... Großmutter einen Brief.
6. Er hilft ... Freunden.
7. Er ruft ... Freundin an.
8. Er sieht ... Bruder selten. Aber zum Geburtstag schickt er ... Bruder einen Strauß Blumen und ein Buch.

Задание 96. Ответьте на вопросы. Употребите при этом указанные словосочетания.

1. Wem willst du dafür danken?
   — Ich will (моя сестра, мой брат, мои родители, мой друг) dafür danken.
2. Wem gehört dieses Buch?
   — Das ist (моя, твоя, ее, их, наша, ваша, ваша) ... Buch.
3. Auf wen wartest du hier?
   — Ich warte auf (свой друг, свои друзья, свою подругу, свой отец, свои родители).

Задание 97. Вставьте подходящие притяжательные местоимения. Переведите предложения на русский язык.

1. Die Mutter fragt: „Habt ihr ... Sachen ausgepackt?"
2. „... Anzüge hängt ihr in den Schrank, ... Hemden legt ihr hierhin und ... Schuhe stellt ihr unters Bett."
3. Gerhard ruft plötzlich: „Wo ist ... Mantel? Hast du ... Mantel gesehen?"
4. „Gerhard", sage ich „da kommt Vater mit ... Mantel und ... Schuhen."
5. „Ihr habt die Hälfte ... Sachen im Auto gelassen!" sagt Vater.
6. Die Mutter sucht ... Portmonee. „... Portmonee ist weg! Und ... Handtasche auch!" ruft sie aufgeregt.
7. „Hier ist ... Handtasche und auch ... Portmonee", sagt der Vater.
8. „Wenn sich ... Aufregung gelegt hat", meint Vater, „dann gehen wir jetzt essen. ... Freunde warten schon auf uns".

Задание 98. Переведите на немецкий язык.

1. Я знаю его и его сестру. 2. Ты знаешь ее и ее брата? 3. По-моему, я видел уже где-то Вас и вашу дочь. 4. Это мои родители. Я хотел бы познакомить своих родителей с твоими родителями. 5. Вы видите там маленькую девочку? Ей 7 лет. Я знаю ее мать. Девочка ходит в школу. Ее зовут Габи. Она делает свои домашние задания всегда без ошибок. Она помогает своей маме по домашнему хозяйству. Она любит своих родителей. 6. Эта девушка работает в нашей фирме секретарем. Она работает у нас уже 3 года. — Госпожу Шредер я знаю хорошо. Она — подруга моей сестры. 7. Господин Шульц, что Вы делаете сегодня вечером? — Позвольте пригласить Вас и Вашу жену к нам на ужин. — Спасибо Вам за Ваше приглашение. Мы с удовольствием принимаем Ваше приглашение. 8. Она посещает своих роди-

телей редко, так как они живут в другом городе. Но она часто звонит им.

9. Чей это автомобиль? — Это моя машина.
   Это наш автомобиль.
10. Чьё это портмоне? — Это мое портмоне.
    Это ее портмоне.
    Это Ваше портмоне.
11. Чьи это вещи? — Это ее вещи.
    Это их вещи.
    Это Ваши вещи.
12. В воскресенье он едет к своим родителям. Они живут за городом. Он хочет помочь им в их работе.
13. Ученики правильно отвечают на вопросы своего учителя. Он доволен их ответами. Он хвалит их за их прилежание.
14. Где ваши дети проводят свои каникулы? — Я их давно не видел.
15. Она читает мою книгу, а я читаю ее книгу.
16. Как зовут Вашу дочь? — Ее зовут Сабина.
17. Ее брат учится вместе со мной в университете, но я редко его вижу.
18. Кто по профессии Ваш отец? Он — юрист.
19. Он знает ее и ее мужа.
20. Это твоя шариковая ручка? Можно мне ее взять? Я забыл свою дома.

Задание 99. Как бы вы сказали эти предложения по-русски? Напишите перевод русских предложений и отдайте его своему учителю на проверку.

1. Vielen Dank für Ihre Bemühungen.
2. Wir suchen die Zusammenarbeit mit Firmen, die Interesse an unseren Produkten haben.
3. Unsere Firma ist auf die Fertigung von Mobiltelefonen spezialisiert.
4. Unsere Firma produziert Maßanzüge.

5. Wir danken Ihnen für Ihre Bestellung vom 9.10.19....
6. Wir stellen Ihnen gerne unseren Firmenwagen zur Verfügung.
7. Unser Firmenwagen steht Ihnen jederzeit zur Verfügung.
8. Vielen Dank für Ihr Schreiben.
9. Wir bedanken uns für Ihr Interesse.
10. Wir danken Ihnen für Ihre Anfrage.
11. Wir würden uns freuen, wenn unser Angebot für Sie von Interesse wäre.
12. Unser Angebot gilt bis Ende des Jahres.
13. Unsere Preise gelten ab Werk.
14. Wir suchen die Kooperation mit Partnern, die unsere Produkte benötigen.
15. Wir verfügen über große Erfahrungen auf diesem Gebiet.
16. Damit Sie einen Überblick über unser Programm gewinnen können, ...
17. Über Ihren Auftrag haben wir uns sehr gefreut.
18. Wir hoffen, daß unsere Geschäftsbeziehungen auch in Zukunft erfolgreich sein werden.
19. Wir werden Ihre Sonderwünsche auf jeden Fall berücksichtigen.
20. Wir danken Ihnen für Ihre Bestellung.
21. Wir werden Ihren Auftrag wie folgt ausführen.
22. Wir werden Ihre Anweisungen genau beachten.
23. Ihr Nachbar möchte Sie sprechen.
24. Ist Ihre Firma schon einmal in Zahlungsschwierigkeiten gekommen, ohne daß es vorherzusehen war?
25. Informieren Sie den Gläubigen über Ihre Lage.
26. Ich hoffe auf Ihr Verständnis.
27. Zum Ausgleich meiner Rechnung sende ich Ihnen den von mir akzeptierten Wechsel.

28. Ich bitte Sie deshalb, den Wechsel um zwei Monate zu verlängern.
29. Nicht zuletzt schulde ich dem Lektor des Max Hueber Verlags Dank für seine praktische Hilfe bei der Durchführung meines Projekts.
30. Mein besonderer Dank gilt Karl Fischer, der die Zeichnungen in diesem Buch angefertigt hat.
31. Wir freuen uns auf Ihren Auftag und sind sicher, daß Sie mit unserer Lieferung zufrieden sein werden.
32. Vielen Dank für Ihr Schreiben vom ... . Wir freuen uns über Ihr Interesse an unseren Erzeugnissen und senden Ihnen gesondert/mit getrennter Post/unseren neuesten Katalog.
33. Sie sprechen nur noch über ihre Arbeit.
34. Aus ihren Augen sprach Verzweiflung.
35. Was meinst mit deiner Anspielung?

Задание 100. Скажите, в какой сфере общения чаще всего (публицистическая, разговорная, художественная, официально-деловая, коммерческая речь) используются предложения, содержащиеся в задании № 99.

Задание 101. Составьте диалог на немецком языке на тему «Встреча двух друзей у остановки автобуса» (Собеседники общаются друг с другом на «ты»).

Задание 102. Составьте диалог на тему «Как и где Вы проводите свой отпуск/свои каникулы?» Воспроизведите диалог в лицах с учетом вежливой формы обращения (Sie, Ihr).

Вопросы и задания для самопроверки

1. Назовите притяжательные местоимения немецкого языка.
2. Каковы основные особенности немецких притяжательных местоимений?
3. Какое значение имеют притяжательные местоимения?
4. Какие соответствия имеются в немецком языке для притяжательного местоимения «ваш»?
5. Чем определяется выбор притяжательного местоимения?
6. От чего зависят формы рода, числа и падежа притяжательных местоимений?
7. На принадлежность какому-лицу указывают притяжательные местоимения mein, unser, dein?
8. Какое притяжательное местоимение указывает на принадлежность чего-либо нескольким или многим лицам или предметам (например: их родители, их дети, их вещи)?
9. Как пишутся в немецком языке притяжательные местоимения?
10. Как склоняются притяжательные местоимения в единственном и множественном числах?
11. Чем отличаются притяжательные местоимения в русском языке от притяжательных местоимений в немецком языке?
12. В каких случаях перед притяжательным местоимением может употребляться определенный артикль?

§ 3. Неопределенные местоимения
(Indefenitpronomen / Indefinite Pronomen / unbestimmte Pronomen)

Неопределенные местоимения указывают на предмет (лицо) или признак, неопределенные для говорящего, слушающего или вообще неопределенный, неизвестный: jemand/кто-то, etwas/что-то. Иными словами, неопределенные местоимения имеют значение приблизительного указания на предмет или признак:

> Er erzählt jedermann seine Sorgen.
> — Он рассказывает о своих заботах каждому.

> Sind deine Freunde gekommen? — Nein, einige sind noch nicht da.
> Пришли твои друзья? — Нет, некоторых еще нет.

К числу морфологических особенностей неопределенных местоимений относятся следующие: а) наличие форм рода, числа (jeder Schüler, jedes Mädchen, alle Schüler, jede Schülerin); б) наличие категории одушевленности/неодушевленности (jemand, etwas).

К неопределенным местоимениям относятся: jeder, man, jemand, einer, irgendwer, etwas, nichts, alle, sämtliche, mancher, einige, einzelne, mehrere, viele, wenige, jedermann, nichts, alles, einiges и другие.

Все неопределенные местоимения пишутся всегда с малой буквы:

> Ich habe etwas für dich. — У меня есть кое-что для тебя.

Ist dort jemand? — Там есть кто-нибудь?

In Bayern habe ich viel Schönes erlebt. — В Баварии я увидел много прекрасного.

Обратите внимание!

После etwas, vieles, wenig, alles, manches, nichts прилагательные используются в роли существительных и, следовательно, пишутся с прописной буквы:

Ich habe etwas Angenehmes für Sie.
— У меня для Вас есть кое-что приятное /что-то приятное.

Wir wünschen dir alles Gute zum Geburtstag.
— Мы желаем тебе на день рождения всего хорошего.

Aus der Zeitung habe ich viel Neues erfahren.
— Из газеты я узнал много нового.

Er hat mir nichts Interessantes erzählt.
— Он не рассказал мне ничего интересного.

Sie hat mir etwas Wichtiges erzählt.
— Она рассказала мне кое-что/что-то важное.

Wir haben manches Gute von ihm gehört.
— Мы слышали кое-что хорошее о нем.

Man kann wenig Gutes von ihm erwarten.
— От него можно ожидать мало хорошего.

Склонение неопределенных местоимений.

Kasus	Singular			Plural
	Mask.	*Fem.*	*Neutr.*	
Nom.	jeder Mann	jede Frau	jedes Kind	alle Kinder
Gen.	jedes Mannes	jeder Frau	jedes Kindes	aller Kinder
Dat.	jedem Mann	jeder Frau	jedem Kind	allen Kindern
Akk.	jeden Mann	jede Frau	jedes Kind	alle Kinder

Nom.	man	einer	ein(e)s	eine	jemand	jedermann
Gen.	—	—	—	—	jemands	jedermanns
Dat.	einem	einem	einem	einer	jemand(em)	jedermann
Akk.	einen	einen	ein(e)s	eine	jemand(en)	jedermann

Nom.	irgendwer	irgendwelche	viele Menschen
Gen.	—	—	vieler Menschen
Dat.	irgendwem	irgendwelchen	vielen Menschen
Akk.	ingendwen	irgendwelche	viele Menschen

Примечание

Неопределенные местоимения alles/все, etwas/кое-что, нечто, что-то, что-нибудь, nichts/ничего/ не склоняются. Другие неопределенные местоимения склоняются.

Значение и употребление неопределенных местоимений.

1. Неопределенные местоимения man, jemand, jedermann, irgendwer, irgendeiner, einer, irgend jemand указывают только на лицо.

2. Неопределенные местоимения etwas, irgend etwas, nichts указывают только на предметы.

3. Неопределенные местоимения alle/alles, mehrere, viele, einzelne, einige, manche, wenige, etliche, irgendwelche, jeder могут указывать как на лиц, так и на предметы.

Man обозначает множество неизвестных лиц. Глагол-сказуемое с подлежащим **man** стоит в 3-ем лице единственного числа:

Sonntags arbeitet man nicht.
— По воскресеньям не работают.

Man hat dich gestern im Hotel gesehen.
— Вчера тебя видели в гостинице.

Ißt man in diesem Restaurant gut?
— В этом ресторане хорошо (сытно) кормят?

Примечание:

На русский язык предложения с **man** переводятся:

— глаголом в 3-ем лице множественного числа настоящего или будущего времени:

Man hat mir zum Geburtstag gratuliert.
— Меня поздравили с днем рождения.

Man vertraut ihm nicht mehr.
— Ему больше не доверяют.

— глаголом во 2-ом лице единственного числа:

Wenn man die Straße überquert, so muß man die Verkehrsregeln beachten.
— Когда/если переходишь улицу (При переходе улицы/переходя улицу), нужно соблюдать правила дорожного движения.

— глаголом в 1-ом лице множественного числа.

> Wenn man diese Straße entlanggeht, so sieht man bald das alte Rathaus.
> — Если идти вдоль этой улицы, то скоро мы увидим старую ратушу.

— в сочетаниях с модальными глаголами предложения с **man** переводятся на руссский язык неопределенно-личными предложениями:

man darf — можно, разрешается;
man darf nicht — нельзя, запрещается;
man kann — можно;
man muß — надо;
man soll — надо, следует, необходимо.

Местоимение **jemand**/*кто-то, кто-либо, кто-нибудь* может обозначать одно или множество неизвестных лиц. Окончания датива и аккузатива могут опускаться. Особенно это характерно для разговорной речи:

> Jemand muß doch wissen, wo Karin ist.
> — Кто-нибудь же должен знать, где Карин.

> Heute habe ich jemand(en) getroffen, den ich seit zehn Jahren nicht mehr gesehen habe.
> — Сегодня я встретил кое-кого, кого я не видел уже десять лет.

> Ich habe jemand getroffen.
> — Я кое-кого встретил.

Местоимения **einer, eine, eines** (один, одна, одно, одни) обозначают одно лицо из группы лиц или один предмет из многих:

Zwanzig Leute haben am Seminar teilgenommen, einer hat das Protokoll geschrieben.
— Двадцать человек принимало участие в семинаре, один из них писал протокол.

Du hast viele Hefte. Gibst du mir eins.
— У тебя много тетрадей. Ты дашь мне одну?

Местоимения **irgendwer, irgendjemand, irgendeiner** (*кто-то, кое-кто, кто-нибудь*) указывают на одно или множество неопределенных лиц:

Das hat irgendjemand erzählt, ich weiß nicht mehr wer.
— Об этом мне кто-то рассказывал, но я не знаю, кто.

Irgendwer hat meine Geldtasche gestohlen.
— Кто-то украл мой кошелек.

Неопределенное местоимение **jeder, -e, -es** (*каждый, каждая, каждое/любой, любая, любое*) употребляется только в единственном числе. Во множественном числе заменяется местоимением **alle** или с целью усиления выразительности местоимением **sämtliche**:

Ich lese jedes Buch, das sie schreibt.
— Я читаю каждую книгу, которую она пишет.

Jede Frau muß das wissen.
— Каждая женщина должна знать это.

Alle Teilnehmer bekommen einen kleinen Preis.
— Все участники получают малые призы.

Alle Menschen der Welt.
— Все люди мира.

Schillers sämtliche Werke.
— Все произведения Шиллера.

Mit sämtlichen zur Verfügung stehenden Mitteln.
— Всеми имеющимися в распоряжении средствами.

Примечание:

Для усиления выразительности высказывания перед местоимением **jed...** может стоять неопределенный артикль. Тогда это местоимение склоняется как прилагательное:

1. Ein jeder Mann muß arbeiten. — Каждый человек должен работать.

2. Wir sprechen nicht mit einem jeden (Menschen). — Мы беседуем не с каждым человеком.

Неопределенное местоимение **mancher (manche, manches,** *Pl.*: **manche)** как в единственном, так и во множественном числах обозначает несколько неопределенных лиц или предметов и является синонимом местоимений **einige, mehrere**:

Sie hat dem Kind manches Märchen erzählt.
— Она рассказывала ребенку кое-какие сказки.

Er hat auf seiner Reise manches erlebt.
— Во время своего путешествия он многое (кое-что) видел.

An manchen Tagen arbeitet er in der Bibliothek.
— По некоторым дням он работает в библиотеке.

Обратите внимание на возможные переводы неопределенного местоимения **manch**: *иной, иная,* *иное, некоторый, многие, кое-кто, кое-что, некоторые, иные.*

Местоимения **alles** (Nom., Akk.), **allem** (Dat.) указывает на полноту охвата предметов, имеет значение собирательности (*всё*):

Man kann mit allem fertig werden, wenn man Willen und Wunsch hat.
— Можно справиться со всем, если есть воля и желание.

Alles bleibt beim Alten.
— Все остается по-прежнему.

Форма единственного числа **alle** — может стоять перед субстантированным прилагательным или существительным с нулевым артиклем. В таких случаях оно склоняется как определенный артикль:

Sie hat sich alle Mühe gegeben.
— Она приложила все усилия.

Zu allem Unglück fiel er noch durch eine Prüfung.
— Ко всему несчастью, он еще провалился на экзамене.

Ich wünsche dir alles Gute.
— Я желаю тебе всего хорошего.

Сокращенная форма множественного числа **all** (*все*) часто употребляется перед определенным артиклем, перед указательным или притяжательным местоимением для усиления выразительности высказывания:

Er hat all seine Sachen mitgebracht.
— Он принес с собой все свои вещи.

Sie hat all ihre Kinder und Enkelkinder zu ihrem Geburtstag eingeladen.
— Она пригласила на свой день рождения всех своих детей и внуков.

Неопределенное местоимение **allerhand** (*всякое/всевозможное/разное*) употребляется в разговорной речи и в несклоняемой форме:

Er hatte allerhand erlebt.
— Он всякое пережил.

Er hatte im Leben allerhand Schwierigkeiten.
— У него в жизни были всякие трудности.

В аналогичном значении в неизменяемой форме используется общеупотребительное местоимение **allerlei** (*всякий, разный, всевозможный, разного рода*):

Er hatte allerlei Ideen.
— У него были всякие (разные, всевозможные) идеи.

Er hat allerlei zu sehen bekommen.
— Он всякое повидал.

Местоимение **etwas**, его усиленный вариант **irgendetwas** и разговорный вариант **irgendwas** (*что-нибудь, что-то, нечто, кое-что*) указывает только на неопределенные предметы:

Irgendetwas war hier nicht in Ordnung.
— Что-то/кое-что здесь было не в порядке.

Irgendwas wird er mir sicher schenken.
— Что-нибудь/что-то он наверняка подарит мне.

Ich möchte noch etwas sagen.
— Я хотел бы сказать еще кое-что.

Неопределенные местоимения **andere** (*другие, иные, прочие*), **einige** (*некоторые, кое-какие, немногие*), **einzelne** (*отдельные, некоторые*), **etliche** (*некоторые, отдельные*), **mehrere** (*несколько, некоторые*), **viele** (*многие*), **weinige** (*немногие*) имеют при склонении такие же окончания, как прилагательные без артикля во множественном числе.

Как правило, они употребляются во множественном числе:

1. Heinz hat viele Fehler im Diktat.
   — У Хайнца много ошибок в диктанте.

2. Er hat wenige Chancen.
   — У него мало шансов.

3. Einzelne Fragen bleiben noch ungeklärt.
   — Некоторые (отдельные) вопросы остались еще неразъясненными.

4. Es gibt doch noch andere Möglichkeiten, die Ferien zu verbringen.
   Ведь есть и другие (иные) возможности провести свои каникулы.

5. Ich mußte mehrere Stunden warten. — Мне пришлось ждать несколько часов.

6. Für einige Tage will ich verreisen. — Я хочу уехать на несколько дней.

7. Etliche Schüler sind gestern nicht in die Schule gekommen.
   — Некоторые (отдельные) ученики не пришли вчера в школу.

Местоимения **ander-, einzeln-, folgend-** могут употребляться в роли прилагательного:

1. Ich suche eine andere Arbeit. — Я ищу другую работу.

2. Folgende Schüler haben die Prüfung bestanden. — Следующие ученики сдали (выдержали) экзамен.

3. Jeder einzelne Fehler muß verbessert werden. — Нужно исправить каждую ошибку в отдельности.

Нейтральные формы в единственном числе местоимений **anderes** (Nom. Akk.), **anderem** (Dat.), **einiges, einigem, vieles, vielem, weniges, wenigem, etliches** могут употребляться в качестве субстантивированных местоимений:

Ich bin nur mit wenigem zufrieden.
— Я доволен лишь немногим.

Er hat in der Schule vieles gelernt, aber nur weniges behalten.
— В школе он многое учил, но немногое запомнил.

Es gibt noch einiges zu tun.
— Еще нужно (предстоит) кое-что сделать.

Es gibt noch etliches zu tun.
— Еще осталось кое-что сделать.

Неопределенное местоимение **vielerlei** употребляется всегда в несклоняемой форме в роли определения или субстантивированного местоимения:

Ich kenne vielerlei Menschen. — Я знаю различных (самых разных) людей.

Er weiß vielerlei. — Он знает многое.

Примечание:

> Обратите внимание на различие слов **anders** (иначе) и **anderes** (иное, другое), которые имеют разные значения и разные формы:
>
> 1. Er denkt anders. (= Wie?)
>   Он думает иначе.
>
> 2. Beinahe hätte ich etwas anderes gesagt. (= Was?)
>   Я чуть было не сказал что-то (кое-что) другое.

Задания и упражнения к теме "Неопределенные местоимения"

Задание 103. Переведите предложения на ский язык. Обратите внимание на значение деленных местоимений.

1. Er hat bei dem Geschäft nichts verdient.
2. Ich habe dich etwas gefragt.
3. Zum Glück hat mir jemand beim Einste holfen.
4. Hast du noch irgendwen in der Firma er nen können?
5. Da ist nichts Brauchbares dabei.
6. Nur wenige erreichten das Ziel.
7. Das gilt für jeden einzelnen.
8. Das muß einen aber freuen.
9. Was einem so alles passieren kann.

10. Man hat dich gestern im Gasthaus gesehen.
11. Klaus ist unhöflich. Er grüßt einen nicht und gibt einem nicht die Hand.
12. In unserem Dorf geht sonntags jedermann in die Kirche.
13. Moderne Musik ist nicht jedermanns Geschmack.
14. An der Haltestelle stehen welche und warten auf den Bus.
15. Sag mir nur eins (nur das eine), was hast du gestern gemacht?
16. Hast du einen Kugelschreiber? — Ja, ich habe einen.
17. Haben Sie Bücher? — Ja, ich habe welche.
18. Er spricht mit jemand(em).
19. Irgendwer wollte dich sprechen.
20. Mit nichts kann man nichts kaufen.
21. In der heutigen Zeitung steht nichts Neues.
22. Normalerweise schenkt er mir nichts zum Geburtstag.
23. Ich habe keine Birnen mehr. Ich habe alle gegessen.
24. Ich habe mit allen gesprochen.
25. Alles ist in Ordnung.
26. Sie hat mir von allem Wichtigen erzählt.

Задание 104. Как бы Вы сказали по-русски? Уточните свой перевод, пользуясь немецко-русским словарем. Скажите, в каких значениях может употребляться all-.

1. Mir gefällt alles Moderne.
2. Alles aussteigen!
3. Alles hört auf mein Kommando!
4. Alles blieb gestern wegen des schlechten Wetters zu Hause.
5. Sie fuhr mit aller Vorsicht.
6. Sie hat alles Geld verloren.

7. Die Arbeiten aller Schüler waren gut.
8. Gerd hat mich mit allen seinen Freunden bekannt gemacht.
9. All diese Leute fahren ans Meer.
10. All das hat er ihr geschenkt.
11. Wo hast du all die schönen Sachen gekauft?
12. Meine Freundin hat uns alle eingeladen.
13. All diese Leute kenne ich nicht.
14. Wir alle sind ins Kino gegangen.
15. Mein Geld ist alle.
16. Er sagte es mit aller Deutlichkeit.
17. Sind jetzt alle da?
18. Alle zehn Kilometer machten wir eine Pause.
19. Wir treffen uns nur alle vier Jahre.
20. Alles in allem (im ganzen gesehen; insgesamt) war ihre Leistung ganz gut.

Задание 105. Скажите по-русски. Обратите внимание на русско-немецкие соответствия неопределенных местоимений. Выпишите из упражнения все неопределенные местоимения и напишите к ним русские соответствия.

1. Gibt es was Neues?
2. Er berichtete mir von etwas Interessantem.
3. Er will dir was sagen.
4. Ich würde dir gern etwas schenken.
5. Ich möchte noch etwas sagen.
6. Etwas beunruhigt mich.
7. Über etwas müssen wir noch reden.
8. Morgen beschäftigen wir uns mit etwas anderem.
9. Ich glaube, sie hat etwas gegen mich (jemanden nicht mögen).
10. Sonnabends und sonntags arbeitet man meist nicht.
11. Man tut, was man kann.

12. Was man gern tut, das fällt einem nicht schwer.
13. Man sagt, daß sie bald heiraten wird.
14. Irgendwer hat gesagt, daß du krank bist.
15. Er hat vielen geschrieben, aber das hat nicht geholfen.
16. Ich wünsche die alles Gute.
17. Sie kann einem leid tun.
18. Das kann jeder sagen.
19. Früh aufstehen ist nicht jedermanns Sache.
20. Du sollst alles bekommen, was du brauchst — dafür sorge ich.
21. Man kann ja nicht jedem gefallen.
22. Ich habe einige gute Bücher gelesen.
23. In unserer Bibliothek stehen viele interessante Bücher. Hast du schon einige gelesen?
24. Es ist Pflicht eines jeden (eines jeden Menschen) zu helfen.
25. Jeder der Gäste wohnt in einem Einzelzimmer.
26. Manche lernen eine Fremdsprache schnell und manche nie.
27. Er hat schon manches gesehen.
28. Wir haben manches Gute von ihr gehört.
29. Er war mehrere Tage in Münster.
30. Auf der Party waren viele, aber nur weinige sind bis Mitternacht geblieben.
31. Ich habe leider nur weinig Neues gehört.
32. Er ist zu vielem Bösen fähig.
33. Hat er Freunde? — Ja, er hat viele.
34. Viele Leute sind zu diesem Sportfest gekommen.
35. Ich habe wenig Geld.
36. Ich bekomme viele Briefe aus dem Ausland.
37. Meine sämtlichen Freunde gratulierten mir zum bestandenen Examen.
38. Wenn ich in Bonn bin, besuche ich sämtliche Bekannte und Verwandte.

39. Der Zug fährt jeden Tag.
40. Ein jeder darf mitmachen.
41. Jeder Junge und jedes Mädchen bekommt (seltener bekommen) einen Luftballon.
42. Das Fernsehprogramm kann einen schon manchmal ärgern.
43. Alle Nachbarn feierten bis zum späten Abend. Alle waren sehr vergnügt.
44. Jetzt war alles wieder genauso wie vorher.
45. Einzelne teilten die Ansicht des Redners, mehrere waren dagegen.
46. Nach dem Streit verließen einige den Raum, andere diskutierten.
47. Tatsächlich ist aber etwas anderes geschehen.
48. Jeden Tag sterben Tausende von Menschen vor Hunger.

Задание 106. Выпишите из задания № 105 местоимения, которые употребляются в неизменяемой и изменяемой форме, и распределите их по двум группам.

Задание 107. Выпишите из задания № 105 местоимения, которые указывают на:
 а) только точно на определенные предметы,
 б) только неопределенные лица,
 в) неопределенные лица и предметы.

Задание 108. Найдите в предложениях задания № 105 неопределенные местоимения, которые могут субстантивироваться, т.е. выступать в качестве существительных.

Задание 109. Раскройте скобки и употребите в правильной форме указанные местоимения.

1. Die Einwohnerzahlen (viel) Bundesländer in Deutschland sind in letzter Zeit gestiegen. Die Einwohnerzahlen (einige wenige) Länder sind jedoch gefallen.
2. Die Zollbeamten untersuchten jeden (einzeln) Koffer der Schauspielerin. Bei (andere) Leuten waren sie wieder nicht so genau.
3. Mein Freund hat eine Briefmarkensammlung mit sehr (viel) Marken. (Einige) Stücke sind (viel) als 1000 Mark wert.
4. Meine Nachbarin hat (viel) exotische Pflanzen in ihrem Garten eingepflanzt. Mit (einige) hat sie Glück gehabt, sie sind gut angewachsen; mit (einige andere) hat sie weniger Glück, sie wollen nicht recht wachsen.
5. Ich habe Lotto gespielt, und ich habe dabei (viel) gewonnen. Ich weiß nicht, was ich jetzt mit dem (viel) Geld machen soll.
6. Durch den Krieg wurden (viel) Menschen aus (ihr) Heimat vertrieben.

Задание 110. Замените выделенные слова неопределенными местоимениями: man, jemand, niemand, jedermann.

1. Wenn *einer* nichts zu sagen weiß, soll er lieber schweigen.
2. *Wir* können nicht mit *jedem* Menschen Freundschaft schließen.
3. Hat *einer* an die Tür geklopft? — Nein, es ist keiner da.
4. *Jedem* gefallen ist eine Kunst, die *keiner* kann.
5. Kennen Sie *einen*, der mir helfen könnte?
6. Wenn *einer* nach mir fragt, so sagen Sie, ich bin nach einer Stunde wieder da.

7. Man muß *einen* lange kennen, bis man ihn ganz versteht.

Задание 111. Скажите по-другому.

Hast du (ich weiß nicht wem) von dieser Sache erzählt?
Von wem hast du die Neuigkeit? Ich habe sie von (ich weiß nicht wem) gehört.

Задание 112. Дополните местоимения „jed-" или „all-" в правильной падежной форме.

... Gäste waren pünktlich gekommen. Fast ... Gast hatte einen Blumenstrauß mitgebracht. ... einzelne wurde gebeten, sich in das Gästebuch einzutragen, aber nicht ... taten es. Das Büfett war schon vorbereitet und ... nahm sich, was er wollte. ... mußten sich selbst bedienen, aber bei ... den guten Sachen wußte mancher nicht, was er zuerst henmen sollte. Natürlich gab es für ... Geschmack etwas zu trinken: Sekt, Wein, Bier, aber auch verschiedene Säfte, denn nicht ... möchte oder durfte Alkohol trinken. Die Hausfrau hatte sich wirklich ... Mühe gegeben. ... schmeckte es offenbar großartig, denn nach zwei Stunden war so gut wie ... aufgegessen.

Задание 113. Какое неопределенное местоимение подходит здесь по смыслу? (einen, einer, irgendwer, jemandem, jemand).

1. Ich kenne ... , der das machen kann, aber es ist ziemlich teuer.
2. Wenn ich ... wirklich gern helfen würde, dann bist du es.
3. Möchte ... ein Butterbrot?
4. Hat ... ein Wörterbuch?

5. Hat ... einen Fahrplan?
6. Kann ... meiner Familie helfen? ... muß doch wissen, wo Kurt ist.

Задание 114. Переведите на немецкий язык.

1. В Северной Германии говорят "Sonnabend" вместо "Samstag" (суббота).
2. Говорят, он хочет основать фирму в Дрездене.
3. Нужно быть благодарным, если дают хороший совет.
4. Нельзя (запрещено) курить в театрах.
5. Ты что-нибудь слышал (узнал) о нем?
6. Она ушла, не сказав ничего.
7. У Вас есть что-нибудь важное для меня?
8. Это должен знать каждый ребенок.
9. Он вежлив с каждым.
10. Многие этого не могут понять.
11. Некоторые согласились с этим предложением.
12. Я провел в Баварии несколько дней.
13. Это может сделать твой брат или кто-нибудь из вашей семьи.
14. Мы все ждем его. По какой-то причине он опаздывает.
15. Каждый год он приезжает к нам несколько раз.
16. Каждый может участвовать в турпоходе в горы.
17. Кто-то стучит в дверь.
18. Я постучал три раза, но никто не открыл мне.
19. Надо (нужно) уметь и прощать.
20. Это должен сделать кто-то, кто что-то понимает в этом (кто в этом немного разбирается).
21. У него украли велосипед.
22. Уже известно, как закончились выборы?
23. Его присудили к (денежному) штрафу.
24. Как произносят это слово.

25. Если говорят другие, нужно молчать.
26. Сегодня думают об этом иначе (по-другому).
27. Он немного говорит по-немецки.
28. Лишь немногие были с этим согласны.
29. Это известно только немногим людям.
30. У меня мало шансов.
31. К сожалению, она рассказала нам мало хорошего.
32. В этой стране мало что (лишь кое-что) изменилось. В целом все осталось по-прежнему.
33. Эта партия представляет интересы многих (людей).
34. Век живи, век учись.
35. Того, кто снимает квартиру, называют квартиронанимателем (съемщиком квартиры).

Die erste Flasche Sekt

Ich war gerade siebzehn geworden, als ich mich „wahnsinnig" in die kleine sechzehnjährige Inge verliebte. Wir hatten uns im Schwimmbad kennengelernt, aber unsere Freundschaft erstreckte sich vorläufig noch auf das gelegentliche Zusammentreffen in einer Eisdiele.

Immer wenn ich an Inge dachte — und das geschah hundertmal am Tag -, freute ich mich auf das Zusammensein mit ihr. Kam sie dann wirklich, so waren all die schönen Sätze, die ich mir vorher zurechtgelegt hatte, verflogen. Schüchtern und befangen saß ich neben meiner Angebeteten und hatte Hemmungen. Inge mußte das wohl auch gemerkt haben, denn sie ermunterte mich und gab sich auch sonst ganz so, daß ich mich als ihr Beschützer fühlen mußte. Dadurch wurde natürlich mein Selbstvertrauen gefestigt, und ich faßte Mut, „meine" Inge regelmäßig in die Eisdiele oder zum Baden einzuladen.

Das ging so lange gut, bis mir Inge eines Tages sagte, sie hätte nun genug von der Eisdiele. Eisdielen wären etwas für kleine Kinder, und sie möchte auch einmal so richtig ausgehen und Sekt trinken wie ihre große Schwester ...

Zuerst tat ich so, als hätte ich gar nichts gehört; dann aber vernahmen meine Ohren wiederholt das Wort Sekt, und ich kam in scheußliche Verlegenheit, weil mein bißchen Taschengeld schon fast aufgebraucht war. Trotzdem ließ ich mir nichts anmerken, sondern sagte gleichgültig: „Sekt — warum nicht?" Meine Worte klangen, als wäre dieses Getränk eine alltägliche Selbstverständlichkeit für mich. Was tut man nicht alles, wenn man verliebt ist!

Ich sparte so lange, bis es eines Tages reichte. Dann führte ich meine Flamme in das beste Lokal der Stadt. Dort umgab uns leise, einschmeichelnde Musik, die Ober glitten lautlos hin und her, und mir wurde von der vornehmen gedämpften Atmosphäre ganz komisch in der Magengegend.

Nachdem wir an einem der kleinen Tische Platz genommen hatten, mußte ich mich sehr zusammennehmen, um Inge und mich nicht zu blamieren. Ich rief also nach dem Ober und bestellte, so nachlässig und gleichgültig ich in meiner Aufregung nur konnte, eine Flasche Sekt. Der Ober — es war ein älterer, würdiger Herr mit grauen Schläfen und freundlichen Augen — verbeugte sich diskret und wiederholte ernst und feierlich: „Eine Flasche Sekt für die Herrschaften ... Sofort bitte."

Er hatte uns also akzeptiert, denn nicht das leiseste spöttische Lächeln glitt über sein Gesicht. Es war doch gut, daß ich meinen Anzug und den neuen roten Binder trug, den mir Tante Frieda geschenkt hatte. Aber auch die anderen Gäste schienen uns für voll zu nehmen. Na ja, immerhin war ich schließlich schon siebzehn. Inge hatte das elegante schwarze Kleid ihrer Schwester angezogen.

Der Ober kam zurück, stellte zwei Gläser auf den Tisch, rückte den Sektkübel zur Seite und öffnete — eine schneeweiße Serviette um die Flasche geschlungen — mit geübtem Griff und ohne sonderlichen Knall den Flaschenverschluß. Dann goß er das perlende Festgetränk in unsere Sektkelche. Es war einfach herrlich. Wir fühlten uns wie in einer anderen Welt. "Auf unsere Liebe!" sagte ich und hob mein Glas, um mit Inge anzustoßen, die mich mit großen Rehaugen selig anblickte.

Beim zweiten Glas zog Inge ihre Hand nicht mehr zurück, als ich sie streicheln wollte, und beim dritten durfte ich ihr sogar einen heimlichen Kuß geben. Der Sekt war wunderbar. Inge meinte, sie sei schon etwas beschwipst, und auch mir war ziemlich heiß geworden. Leider aber war die Flasche nun leer. Verstohlen blickte ich auf die Weinkarte, ob wir noch eine zweite — aber nein, mein aufgespartes Taschengeld reichte nicht mehr. So rief ich schweren Herzens den Ober, um zu zahlen.

"Sofort, Herr Doktor!" ... Donnerwetter, jetzt war ich platt und stolz zugleich. Auch Inge hatte es gehört und strahlte mich verzückt an. Dann aber kam unser vornehmer Ober zurück. Er hatte die Rechnung auf ein silbernes Tablett gelegt, diskret die Schrift nach unten gewendet. Als er sich wieder entfernt hatte, drehte ich — so ganz nebenbei — den Zettel um und las: "1 Flasche Fruchtsprudel mit Bedienung: 1,10 Mark." Darunter stand: "Bitte verzeiht mir, Kinder, aber ich wollte kein Spaßverderber sein. Euer Ober." Das aber hat Inge nie erfahren.

Nach Conrad

Задание 115. Прочитайте текст без словаря и ответьте на следующие вопросы по-немецки, употребляя в своих ответах, где это возможно, местоимения.

1. Wo haben sich die jungen Leute kennengelernt?
2. Wie hießen sie beide?
3. Wie verbrachten die beiden anfangs (zuerst) die Freizeit?
4. Warum wollte Inge nicht mehr in die Eisdiele (gehen)?
5. Warum konnte der Junge seine Freundin nicht sofort in ein Restaurant einladen?
6. Wie wurden die beiden vom Kellner bedient und warum behandelte er sie so?
7. Wie fühlten sich die beiden im Lokal?
8. Warum konnte nicht der Junge eine zweite Flasche Sekt bestellen?
9. Warum hat der Kellner die Rechnung auf ein silbernes Tablett gelegt, diskret die Schrift nach unten gewendet?
10. Was stand unter der Rechnung?
11. Weshalb hat der Junge seiner Freundin die Wahrheit nie erzählt?

Задание 116. Просмотрите текст и выпишите из него предложения, которые содержат неопределенные местоимения. Переведите их на русский язык. Определите, в каких функциях употреблены эти местоимения в данном тексте.

Задание 117. Прочитайте текст еще раз и перескажите его по-немецки.

Вопросы и задания для самопроверки.

1. Назовите неопределенные местоимения немецкого языка.
2. Каковы функции неопределенных местоимений?
3. Какие местоимения указывают на неопределенные лица, на вещи, на лица и вещи?
4. Какие местоимения употребляются в неизменяемой форме?
5. Как пишутся неопределенные местоимения?
6. Какие неопределенные местоимения могут субстантивироваться?
7. Быстро назовоите по-немецки: кто-то, что-то, какой-то, кто-нибудь, что-нибудь, каждый, каждая, каждое, многие, немногие, отдельные, некоторые, несколько, всё, все.

§ 4. Отрицательные местоимения
(Negative Pronomen)

Отрицательные местоимения выражают отрицание какого-либо лица, предмета, признака, количества и, следовательно, они употребляются исключительно в отрицательных предложениях:

Niemand wußte, wohin er gereist war. — Никто не знал, куда он уехал.

Wir haben niemand(en) gesehen. — Мы никого не видели.

Er will nichts davon hören. — Он ничего об этом не хочет слушать.

Ich habe heute nichts gegessen. — Я сегодня ничего не ел.

Kein Mensch war auf der Straße. — На улице не было ни одного человека.

Keiner wird das glauben. — Никто не поверит в это.

К отрицательным местоимениям относятся: niemand, nichts, kein, keinerlei.

Примечание:

> В немецких грамматиках отрицательные местоимения, как правило, не выделяются в особый семантический разряд, а рассматриваются как неопределенные местоимения, в то время как в русских грамматиках принято выделять их в самостоятельный разряд по значению.

Отрицательное местоимение **nichts** выражает отрицание какого-либо предмета и не имеет склоняемых форм. Оно употребляется только в единственном числе:

> Ich schenke ihr nichts zum Geburtstag. — Я ничего ей не подарю на день рождения.

Обратите внимание на то, что прилагательное после этого местоимения пишется с прописной буквы.

> In dieser kleinen Stadt gibt es nichts Interessantes zu sehen.
> В этом маленьком городе нет ничего интересного (нет интересных достопримечательностей).
>
> In der Zeitung stand nichts Neues.
> В газете не было ничего нового.
>
> Es gab nichts Interessantes.
> Не было ничего интересного.
>
> Nichts Gutes erwartete mich dort.
> Ничего хорошего там меня не ожидало.

Отрицательное местоимение **nichts** может употребляться в роли существительного:

> Ich habe nichts zu lesen. — Мне нечего читать.

Отрицательное местоимение **kein** выражает отрицание какого-либо лица или предмета, которые известны или были ранее названы. Оно может употребляться как в единственном, так и во множественном числах:

> Wir haben kein Geld.
> У нас нет денег.

Das glaubt dir keiner (niemand).
Никто не поверит тебе в это.

Sie fand keine saubere Tasse im Schrank.
Она не нашла ни одной чистой чашки в шкафу.

Ich kenne keinen von den beiden (Jungen).
Я не знаю ни одного из обоих.

Местоимение **kein** может выражать не только отрицание какого-либо признака, но и предмета (лица):

Wir haben keine gute Wohnung.
У нас нет хорошей квартиры.

Ich habe keine Kinder.
У меня нет детей.

Ich habe keine Briefe bekommen.
Я не получал писем.

Примечание.

Для того чтобы подчеркнуть сказанное, отрицательное местоимение **kein** выносят в конец предложения, например:

Geld hat er keins. — Денег у него нет.

Lust habe ich keine. — У меня нет никакого желания.

Отрицательное местоимение **keinerlei** употребляется в функции определения в неизменяемой форме в значении *никакой, -ая, -е*:

Das macht mir keinerlei Vergnügen.
Это не доставляет мне никакого удовольствия.

Wir haben darauf keinerlei Einfluß.
Мы не имеем на это никакого влияния.

Обратите внимание на то, что в немецком предложении в отличии от русского языка употребляется одно отрицание:

Ich sage ihm nichts. — Я ему ничего не скажу.

Er weiß nichts davon. — Он ничего не знает об этом.

Ich habe heute niemand gesehen. — Я сегодня никого не видел.

Отрицательное местоимение **neimand** обозначает одно или несколько неизвестных лиц. Оно употребляется только в единственном числе. Окончания в дативе и аккузативе могут опускаться:

1. Ich habe auf meine Freunde gewartet, aber niemand ist gekommen.
   Я вчера ждал своих друзей, но никто не пришел.

2. Wir haben im Hof niemand(en) gesehen.
   Мы никого не видели во дворе.

3. Er war enttäuscht, denn niemand hat ihm geholfen.
   Он был разочарован, так как ему никто не помог.

Задания и упражнения к теме «Отрицательные местоимения»

Задание 118. Переведите на русский язык и обратите внимание на значение отрицательных местоимений.

1. Er hat bei diesem Geschäft nichts verdient.
2. Während der Fahrt habe ich mit niemand(em) gesprochen.
3. Jetzt habe ich nichts mehr zu tun.
4. Die Kinder haben nichts zu spielen.
5. Haben wir wirklich nichts mehr zu trinken?
6. Wir haben im Garten niemand(en) getroffen.
7. Ist jemand dort? — Nein, niemand ist dort.
8. Das ist niemands Besitz.
9. Es gibt heute nichts zum Abendbrot.
10. Siehst du einen Studenten? Nein, ich sehe keinen.
11. Haben Sie Kinder? Nein, wir haben keine.
12. Hast du ein Wörterbuch? — Nein, ich habe keins.
13. Ich gehe in keine Bar.
14. Ich habe keinen teueren Wagen.
15. Wir haben keine schönen Tapeten.
16. Sie hat keine Zeit.
17. Es regnete keinen einzigen Tag.
18. Sie hat keinerlei Lust, diese Stellung anzutreten.
19. Ich kenne keinen, der das tut.
20. Das hat keinerlei Wirkung.
21. Er sammelt keine Briefmarken.
22. Ich wollte, ich wäre auf niemandes Hilfe angewiesen.
23. Ich habe niemandem erzählt.
24. Ich habe niemanden gesehen.
25. Was weißt du davon? — Nichts!
26. Er wurde enttäuscht, denn seine Arbeit wurde von niemandem anerkannt.

27. Er langweilte sich auf der Party, denn er kannte niemanden.
28. Ich mußte alles allein machen; niemand hat mir geholfen.
29. Alle Leute sind oft alleinstehend und haben niemand(en), der sich um sie kümmert.
30. Es sind keine Veränderungen sichtbar.

Задание 119. Вставьте **einer** или **keiner**:

Образец: Hat jemand ein Wörterbuch? — Ja, ich habe eins.
Nein, ich habe keins.

1. Möchte jemand einen Apfel?
2. Möchtest du ein modisches Kleid?
3. Möchte er ein neues Hemd?
4. Hat sie ein Auto?
5. Kennst du die beiden Mädchen?
6. Haben Sie Kinder?
7. Siehst du eine Frau?
8. Hast du Geld?
9. Hast du einen Stundenplan?
10. Hat jemand ein Lexikon?
11. Möchte jemand einen Aperitif?
12. Kennen Sie die beiden Jungen?
13. Möchte jemand ein Schnitzel?
14. Möchte jemand eine Zigarette?

Задание 120. Переведите на немецкий язык.

1. Я знаю, что я ничего не знаю. 2. Он целый день ни с кем не разговаривал. 3. Там мы ничего не видели. 4. К сожалению, нам никто не помог. 5. Никто этого не знает. 6. «Вы что-нибудь нашли?» — «Нет, ничего.» 7. Он ничем не доволен. 8. Мне нечего сказать. 9. Я ничего нового не узнал. 10. Он не пред-

принимал никаких усилий (keinerlei Anstrengungen machen). 11. Лекарство не оказало никакого воздействия. 12. Никто (kein) не заботится об этом. 13. Он не владеет английским. 14. На улице не было видно ни одного человека. 15. Своим счастьем я никому не обязан. 16. Никто в этом не виноват. 17. Ему не оказали никакой помощи. 18. Нет оснований для жалобы. 19. Я здесь никого не знаю. 20. Никто в это не поверит.

Вопросы и задания для самопроверки.

1. Назовите отрицательные местоимения.
2. Назовите соответствующие местоимения в русском языке.
3. Какое значение имеют отрицательные местоимения?
4. Какие отрицательные местоимения выражают отрицание лица?
5. Какие отрицательные местоимения выражают отрицание какого-либо признака?
6. Какие отрицательные местоимения могут склоняться?
7. Какие отрицательные местоимения не склоняются?

§ 5. Указательные местоимения
(Demonstrativpronomen)

Указательные местоимения указывают на предмет, близкий или отдаленный от говорящего во времени или пространстве:

Dieses Kleid gefällt mir. — Это платье мне нравится.

Jenes Bild, das Sie dort sehen, ist über 500 Jahre alt. — Той картине, которую Вы видите, более 500 лет.

К указательным местоимениям относятся: der, die, das; dieser, diese, diesees; jener, jene, jenes; derjenige, diejenige, dasjenige; derselbe, dieselbe, dasselbe; solcher, solche, solches.

Указательные местоимения согласуются с существительными в роде, числе и падеже и склоняются по образцу прилагательных.

1. Склонение указательных местоимений: der, die, das, die.

Kasus	Singular			Plural
	Mask.	*Fem.*	*Neutr.*	
Nom.	der	die	das	die
Gen.	dessen	deren	dessen	deren/derer
Dat.	dem	der	dem	denen
Akk.	den	die	das	die

2. Склонение местоимений dieser, -e, -es; jener, -e, -es; solcher, -e, -es

Kasus	Singular			Plural
	Mask.	*Fem.*	*Neutr.*	
Nom.	dieser, jener Mann	diese, jene Frau	dieses, jenes Kind	diese, jene Kinder
Gen.	dieses, jenes Mannes	dieser, jener Frau	dieses, jenes Kindes	dieser, jener Kinder
Dat.	diesem, jenem Mann	dieser, jener Frau	diesem, jenem Kind	diesen, jenen Kindern
Akk.	diesen, jenen Mann	diese, jene Frau	dieses, jenes Kind	diese, jene Kinder

3. Склонение местоимений derselbe, dieselbe, dasselbe; derjenige, diejenige, dasjenige.

Kasus	Singular			Plural
	Mask.	*Fem.*	*Neutr.*	
Nom.	derselbe, derjenige	diesebe, diejenige	dasselbe, dasjenige	dieselben, diejenigen
Gen.	desselben, desjenigen	derselben, derjenigen	desselben, desjenigen	derselben, derjenigen
Dat.	demselben, demjenigen	derselben, derjenigen	demselben, demjenigen	denselben, denjenigen
Akk.	denselben, denjenigen	dieselbe, diejenige	dasselbe, dasjenige	dieselben, diejenigen

Значение и употребление указательных местоимений

Указательное местоимение **dieser, -e, -es** (*этот, эта, это*) обозначает предмет (лицо), который находится ближе другого во времени или в пространстве, или который только что назывался (упоминался недавно от момента речи):

1. Dieses Haus hier gehört mir. — Этот дом здесь принадлежит мне.
2. Wir wollen mit diesem Bus fahren. — Мы хотим поехать на этом автобусе.
3. Diesen Herrn kenne ich sehr gut. — Этого господина я хорошо знаю.
4. Diese Dame ist meine Nachbarin. — Эта дама — моя соседка.

Указательное местоимение **jener, -e, -es** (*тот, та, тот*) обозначает более отдаленные во времени и пространстве лица и предметы, которые уже назывались, о которых уже говорили:

1. Diesen Herrn kenne ich nicht, aber jenem (Herrn) bin ich schon oft begegnet. — Этого господина я не знаю, а того я уже часто встречал.
2. Jenes Auto gehört meinem Vater. — Та машина принадлежит моему отцу.

Местоимение **solcher, -e, -es** указывает на предмет (лицо), подобный тому, о котором уже говорилось ранее или будет говориться:

Das Lesen solcher Texte ist sehr anstrengend. — Чтение таких текстов требует больших усилий.

Solche Autos gefallen mir nicht. — Такие автомобили мне не нравятся.

Местоимение **solch** — в сочетании с существительными может подчеркивать высокую степень признака, называемого этим существительным:

Wir hatten solche Angst. — Мы испытывали такой страх.

Примечание:

В сочетании с прилагательным указательное местоимение **solch** (такой) употребляется в несклоняемой форме и может стоять как впереди, так и после прилагательного:

Bei solch nassen (solch einem nassen / einem solch nassen) Wetter bleibt man besser zu Hause. — В такую сырую погоду лучше оставаться дома.

Примечания:

1. Местоимение **solch** в несклоняемой форме в значении «такой», как правило, стоит перед неопределенным артиклем и в таком случае оно может быть заменено местоимением **so**:

Solch ein Mann (=so ein Mann) — такой мужчина;

Solch eine Frau (=so eine Frau) — такая женщина

2. Если местоимение **solch** — в функции прилагательного стоит после неопределенного артикля, то оно склоняется как прилагательное:

ein solcher Mann — такой мужчина;

eine solche Frau — такая женщина

Указательное местоимение **solcherart** (*такого рода*) употребляется в несклоняемой форме в письменной речи:

Solcherart Fehler dürfen nicht noch einmal passieren. — Такого рода ошибки не должны повторяться.

Указательное местоимение **solcherlei** (такого рода) используется в несклоняемой форме только в сочетаниях с существительными во множественном числе:

1. Solcherlei Ausreden kenne ich. — Я знаю такого рода отговорки.

2. Solcherlei Musik gefällt mir. — Мне не нравится такого рода музыка.

В отличие от определенных артиклей указательные местоимения **der, die, das, die** (*этот, эта, это, эти; тот, та, тот, те*) употребляются вместо личных местоимений в номинативе, аккузативе и дативе, если говорящий/пишущий хочет подчеркнуть значение «указание на предмет» (лицо). Они всегда несут на себе эмфатическое ударение:

1. **Die** Frau kenne ich, die andere aber nicht. — Эту женщину я знаю, а другую нет.

2. Arbeiten Sie mit Herrn Fischer zusammen? — Nein, mit **dem** arbeite ich nicht mehr zusammen (вместо: Nein, ich arbeite nicht mehr mit **ihm**). — Вы работаете вместе с господином Фишером? — Нет, я с этим (человеком) больше не работаю.

3. Welcher ist dein Mantel? **Der** auf dem Stuhl gehört mir. — Какое пальто твое? — То на стуле.

Формы родительного падежа указательных местоимений **dessen, deren** употребляются главным образом для уточнения притяжательного значения:

1. Sie erzählten uns von ihren Eltern und deren Leben. (=das Leben der Eltern) — Они рассказывали нам о своих родителях и их жизни (= жизни своих родителей)
2. Friedrich besuchte Herrn Krause und dessen Sohn (= den Sohn des Herrn Krause). — Фридрих посетил господина Краузе и его сына (=сына господина Краузе).

Форма **derer** указательного местоимения в генитиве множественного числа заменяет лица, названные существительными, к которым относятся определительные придаточные предложения:

Die Zahl derer, die allein leben, nimmt ständig zu.
Число тех, которые одиноки в жизни, постоянно растет.

Указательное местоимение **das** может субстантивироваться, приобретая субстантивно-указательное обобщенное значение, и соотносится с уже упомянутым предложением или текстом:

Gestern war ich in den Bergen. Das war herrlich!
Вчера я был в горах. Это было великолепно!

Das употребляется иногда вместо **es** с безличными глаголами:

Das blitzt und donnert schon seit einer Stunde. — Уже час, как сверкает молния и гремит гром.

Das в несклоняемой форме употребляется в вопросах и ответах (иногда с жестом, которым указывают на что-нибудь) вроде:

1. Was ist das? — Das ist ein Lexikon.
   Что это? — Это лексикон.

2. Wer ist das? — Das ist meine Schwester.
   Кто это? — Это моя сестра.

И наконец, в разговорной речи указательные местоимения **der, die** употребляются в роли существительного вместо личных местоимений **er** или **sie**:

„Suchst du Monika?" — „Die ist zum Arzt gegangen". — Ты ищешь Монику? Она пошла к врачу.

Указательные местоимения **derselbe, dieselbe, dasselbe, dieselben** (*pl.*) могут употребляться в роли самостоятельных указательных местоимений или же в роли указательных определений. Они обозначают идентичность (тождественность) лиц и вещей. При этом первая часть таких местоимений склоняется как определенный артикль, а вторая **selb** — как прилагательное по слабому типу:

1. Ich lese **dasselbe** Buch wie vor drei Monaten. — Я читаю ту самую книгу, что и три месяца тому назад (как три месяца тому назад).

2. Wir sind beide aus **derselben** Stadt. — Мы оба из одного и того же города.

3. Ich wohne in **demselben** Hotel wie im letzten Jahr. — Я живу в той самой гостинице, что и в прошлом году.

4. Er trägt **denselben** Anzug wie gestern. — На нем тот самый костюм, какой был вчера.

Указательное местоимение **selbst** и его разговорный вариант **selber** употребляется в несклоняемой форме для подчеркивания тождественности предмета (лица), ранее названному:

1. Ich möchte den Chef sebst sprechen. — Я хотел бы поговорить с самим начальником.

2. Diesen Pullover habe ich selber gestrickt. — Этот пуловер я связала сама.

Указательные местоимения **derjenige, dasjenige, diejenige, diejenigen** (*Pl.*) (*тот, то, та, те*) употребляются главным образом в официальной речи для устранения неясностей. Они выполняют функцию связи между придаточным определительным и главным предложениями в сложноподчиненном предложении:

Er ist derjenige, den die Polizei sucht.
Он тот, кого разыскивает полиция.

Обратите внимание на различие в употреблении указательных местоимений **das** и **es**!

1. **Das** имеет отношение к предшествующему контексту, высказыванию:

"Kannst du mich heute abend besuchen?"
— "Nein, das ist unmöglich."

2. **Es** имеет отношение к последующему объяснению или высказыванию:

Es ist unmöglich, daß ich dich heute abend besuche.

Задания и упражнения к теме «Указательные местоимения»

Задание 121. Переведите на русский язык. Скажите, в каких значениях употребляются в этом упражнении указательные местоимения.

1. Das hat keiner erwartet, daß du mich heute besuchen kommst.
2. Am vergangenen Mittwoch hatte ich ein schönes Erlebnis. Diesen Tag werde ich so bald nicht vergessen.
3. Das da ist für dich. Zeig mir das bitte einmal!
4. Diser Mädchen heißt Helga, und jenes (Mädchen) heißt Inge.
5. In diesem Lokal verkehren hauptsächlich Studenten.
6. Bei solchem herrlichen Wetter machen wir eine Wanderung in die Berge.
7. Das macht solchen Spaß!
8. Er kann mit solcherart Leuten nicht umgehen.
9. Ich habe solcherlei schon gehört.
10. Der Mann war es.
11. Das Buch muß man gelesen haben.
12. Die Leistung derer, die ausgezeichnet werden, ist überragend.
13. Diese Schüler waren fleißig, denen muß man gute Noten geben.
14. Er hat aus dem und jenem Grund (aus verschiedenen Gründen) so gehandelt.
15. Ich sprach mit Christa und deren nettem Mann.
16. Die Verwandten und deren Kinder kamen zu Besuch.
17. Die da oben sind an allem schuld.

18. Das regnet den ganzen Tag.
19. Das ist Herr Arndt.
20. „Willst du den Chef sprechen? Der ist schon lange weg".
21. Der eigentliche Grund war der, daß er keine Lust hatte.
22. Die (sie) haben (die Stadt hat) einen neuen Parkplatz gebaut.
23. Dise Frau, deren er sich annahm, war ihm sehr dankbar.
24. Mutter ist krank, die (sie) hat sich erkältet.
25. Derjenige, der das getan hat, soll sich melden.
26. Auf derlei Reisen erlebt man viel.
27. Derlei (so etwas, solches) kommt häufig vor.
28. Sie stammt aus demselben Dorf wie ich.
29. Er war ein und derselbe Schauspieler.
30. Das ist doch ein und dasselbe (besser: das gleiche).
31. Die Schüler, deren gute Arbeiten gelobt wurden, sind von meiner Klasse.
32. Er hat keine Veranlassung, einen solchen Schritt zu unternehmen.
33. Sie hatte solchen Hunger, daß sie nicht einschlafen konnte.
34. Es ist eine solche Freude, dich zu sehen.
35. Sie trug solch ein schönes Kleid.
36. Bei solch schönem/solch einem schönen/einem solch schönen Wetter fährt man gern ins Grüne (in die freie Natur).
37. Solcherlei Ausreden kenne ich!
38. Wenn ich denjenigen erwische, der die Fensterscheibe eingeschlagen hat, dann kann er was erleben.
39. Diejenigen Schüler, die an dem Kurs teilnehmen wollen, möchten bitte ins Sekretariat kommen.
40. Derartige (solche) Beobachtungen habe ich nicht gemacht.

41. Sie hat mich angelogen. Das werde ich ihr nie verzeihen.
42. Darf ich vorstellen: Das ist meine Frau.
43. „Was hältst du von meinem Vorschlag?" — „Den finde ich gut".
44. Die Frau kenne ich, die andere nicht.
45. Der versteht nichts davon!
46. Diejenigen, die zuviel rauchen, trinken und essen, schaden sich selbst.

Задание 122. Определите, правильны ли эти словосочетания. Скажите, как это будет по-русски.

solch eine Frau / so eine Frau

solch ein Mann / so ein Mann

Задание 123. Объясните разницу.

1. **Dieses Haus** gehört meinem Großvater. Jenes gehört meinem Vater.
2. Ich kaufe **diese** Äpfel (hier), **jene** (dort) sind mir zu teuer.
3. **Diesen** Herrn kenne ich schon. Ich möchte **jenen** Herrn kennenlernen.

Задание 124. Скажите, правильны ли эти высказывания:

1. Meine Freundin hat das gleiche Kleid wie ich.
   Meine Freundin hat dasselbe Kleid wie ich.

2. Meine Frau hat die gleiche Frisur wie du.
   Meine Frau hat dieselbe Frisur wie du.

Задание 125. Какие из этих высказываний употребляются только в разговорной речи?

Задание 126. Скажите, чем отличаются следующие предложения.

1. Ich habe ihn gefragt. Ich habe ihn selbst gefragt.
2. Ich muß diese Arbeit machen. Ich muß selbst diese Arbeit machen.

Задание 127. Чем разнятся предложения?

1. Diesen kleinen Defekt kann ich selbst reparieren.
2. Diesen kleinen Defekt kann ich selber reparieren.

Задание 128. Вычеркните неправильное.

1. In den beiden Schaufenstern liegt **das gleiche/dasselbe** Buch.
2. Meine Freundin trägt **das gleiche/dasselbe** Kleid wie ich, nur hat ihr Kleid einen weißen Gürtel.

Задание 129. Определите, какие из высказываний правильны.

1. Du hast denselben Wagen gekauft wie ich.
2. Wir beide sind derselben/der gleichen Meinung.
3. Der Zug aus Wien und der Zug aus Berlin kommen zur selben/gleichen Zeit.
4. Wir wohnen in dem gleichen Hotel wie im letzten Jahr.
5. Petra und Kerstin leben in München — obwohl sie im gleichen/in demselben Stadtteil wohnen, sehen sie sich nur selten.

Задание 130. Вставьте там, где нужно, пропущенные окончания.

1. Ich wundere mich, daß er von solch ... ein ... Hungerlohn leben kann, und daß er dann ein ... solch ... Wagen fährt.

2. Ich spreche von d... jenig..., die immer das letzte Wort haben.
Dies ... Leute sind mir nicht sympathisch.
3. Bist du auch mit dies ... Zug gekommen? Dann haben wir ja in d...selb... Zug gesessen.
4. Sie sprachen von dies ... und jen ... , aber d... hat mich alles nicht interessiert.
5. Kauf dir doch auch solch...ein... Krawatte! Dann haben wir beide d... gleich ... Krawatten.
6. Niemand kennt die Namen d... (Gen.), die diese Märchen geschrieben haben.
7. D...jenig..., der meine Brieftasche findet, wird gebeten, dies... gegen Belohnung bei mir abzugeben.
8. Die Polizei sucht d...jenig..., der das Verbrechen begangen hat.
9. Solch ein ... Kleid, wie du es hast, möchte ich mir auch kaufen.
10. In ein ... solch ... Haus möchten wir auch wohnen.
11. Der Lehrer hilft d...jenig... Schülern, die fleißig sind.

Задание 131. Объясните семантическую разницу.

der gleiche Mantel/derselbe Mantel

das gleiche Kleid/dasselbe Kleid

Задание 132. Составьте аналогичные диалоги на тему: „Im Kaufhaus" и разыграйте их по ролям.

Образец: Computer (m)/teuer.

> **A:** *Was halten Sie von diesem Computer hier?*
> **B:** *Also diesen Computer nehme ich nicht, der ist mir zu teuer.*

1. Dampfbügeleisen (n)/kompliziert.

2. Kühlschrank (m)/klein.
3. Fotoapparat (m)veraltet.
4. Waschmaschine (f)/teuer.
5. Elekroherd (m)/unmodern.
6. Kamera (f)/unpraktisch.
7. Fernsehgerät (n)/groß.
8. Videorecorder (m)/unzuverlässig.
9. Cassettenrecorder (m)/altmodisch.

Задание 133. Вставьте **das** или **es**.

1. Bitte schreib mir öfters. ... macht mich froh, wenn ich von dir höre.
2. Du mußt endlich deine Steuererklärung machen. ... ist unverantwortlich, daß du die Sache noch weiter hinausschiebst.

Задание 134. Объясните семантическую разницу.

dieselbe Bluse/die gleiche Bluse

derselbe Stoff/der gleiche Stoff

dieselben Blumen/die gleichen Blumen

Задание 135. Вставьте **das** или **es**.

1. Bitte schreib mit öfters. ... macht mich froh, wenn ich von dir höre.
2. Du mußt endlich deine Steuererklärung machen. ... ist unverantwortlich, daß du die Sache noch weiter hinausschiebst.
3. Glaubst du, daß du in Bonn so einfach eine Wohnung bekommen kannst? ... müßte schon ein Glücksfall sein.
4. Ich war gestern im Moskauer Staatszirkus. ... war erstaunlich zu sehen, wie exakt die Artisten arbeiten.
5. ... ist unmöglich, daß ich allein den Wagen repariere.

Задание 136. Выберите подходящее.

1. *dieses — das*. Kennen Sie ... Restaurant?
   Ja, ... kenne ich.
   Nein, ... kenne ich nicht.

2. *diesen — den*. Kennen Sie ... Herrn?
   Ja, ... kenne ich.
   Nein, ... kenne ich nicht.

3. *diese — die*. Kennen Sie ... Dame?
   Ja, ich kenne ... .
   Nein, ich kenne ... nicht.

Задание 137. Вставьте отсутствующие окончания.

1. In ein ... solch ... Auto möchte ich auch fahren. 2. Ich liebe solch ... Menschen nicht. 3. Vor solch ... Menschen muß man sich hüten. 4. Mit solch ... Kenntnissen kommst du durch die ganze Welt. 5. Der eine liest dies ... Zeitung, der andere jen ..., der dritte liest gar keine.

Задание 138. Переведите на немецкий язык.

1. Я случайно купила такое же платье, как и ты.
2. Эту встречу я никогда не забуду.
3. Эту даму я знаю. Я хочу, чтобы ты познакомил меня с той дамой.
4. Ты работаешь вместе с господином N? — Нет, я с ним больше не работаю.
5. Я рассказал обо всем этом своему другу.
6. Мы все это купили в городе.
7. Мы хотим поехать в Дрезден на этом поезде/этим поездом.
8. Я куплю эти яблоки, те мне не нравятся.

9. Я живу в той самой гостинице, что и в прошлом году.
10. Я сам справлюсь с этим трудным заданием.
11. Я помогаю тем ученикам, которые нуждаются в моей помощи.
12. Я хотел бы купить такое же пальто, как у тебя.
13. Такой человек мне симпатичен.
14. Такой ребенок мне нравится.
15. Этот роман мы еще не читали.
16. Ты уже слышал о его успехе? — Да, это очень порадовало меня.
17. Сегодня нас посетил шеф со своим сыном и его другом.
18. Ты уже поговорил с профессором? — Нет, только с его ассистентом.
19. Я несколько раз звонил, но никто не подходил к телефону. Это меня насторожило, и я обратился в полицию.
20. Мы оба родились в одном и том же городе и ходили в одну и ту же школу.

Вопросы и задания для самопроверки.

1. Назовите указательные местоимения.
2. Каковы основные функции и значения указательных местоимений?
3. Просклоняйте указательные местоимения: **der**, **jener**, **derselbe**, **dieser**.
4. Какие указательные местоимения употребляются в несклоняемой форме?
5. Расскажите все, что Вы знаете об указательном местоимении **solch**.

§ 6. Безличное местоимение
(Unpersönliches Pronomen es)

Безличное местоимение **es** употребляется:

— как формальное (не имеющее значения) подлежащее при многих глаголах:

Es klingelt. Звонят.

Es klopft an der/die Tür. Стучат в дверь.

Es zieht. Macht doch das Fenster zu. Сквозит. Закройте же окно.

Es bedarf einer genauen Untersuchung. Необходимо провести тщательное расследование.

— в некоторых конструкциях, устойчивых словосочетаниях, фразеологизмах:

Es geht mir gut.
У меня все в порядке (Я чувствую себя хорошо / Мои дела идут хорошо).

Es kommt auf das Wetter an.
(Все) будет зависеть от погоды.

Es geht darum, daß ...
Речь идет о том, что ...

Wie geht es dir?
Как твои дела? / Как (ты) поживаешь?

Es geht um Ihre Karriere.
Речь идет о Вашей карьере.

Worum handelt es sich?
В чем дело? О чем идет речь?

Es handelt sich um ...
Речь идет о ...

Na, wie steht's? (*gespr.*)
Как поживаешь?/ Как дела?

Wie spät ist es? (*gespr.*) Wieviel Uhr ist es?
Который час?/ Сколько времени?

Es ist jetzt genau/Punkt zwölf Uhr.
Сейчас ровно 12 часов.

— как формальное подлежащее при глаголах, обозначающих явление природы:

Es regnet.	Идет дождь.
Es dunkelt (*geschr.*)	Темнеет.
Es schneit.	Идет снег.
Es hagelt.	Идет град.
Es donnert.	Гремит гром.
Es blitzt.	Сверкает молния.
Es dämmert.	Смеркается./Светает.
Draußen friert es.	На улице мороз (морозно).

— как формальные (не имеющие значения) дополнения в устойчивых выражениях:

Ich habe es eilig. Я спешу (тороплюсь).

Er meint es nur gut mit dir. Он желает тебе добра.

Du wirst es noch weit bringen.
Ты еще в жизни многого добьешься / Ты еще преуспеешь в жизни /Ты еще будешь иметь успех в жизни.

— как формальное дополнение в определенных выражениях для указания на то, о чем говорилось ранее:

Ich werd's ihm sagen. Я скажу ему это.

Ich weiß es. Я знаю это.

Ich vermute es. Я это предполагаю.

Ich halt's nicht mehr aus.
Я этого больше не выдержу.

Ich verspreche es dir. Это я тебе обещаю.

— как формальное подлежащее при глаголах, обозначающих физические или психические состояния человека:

Es friert mich / mich friert (es).
Мне холодно.

Mir wurde (es) schlecht / übel.
Мне сделалось дурно / Мне стало плохо.

Es hungert mich (geschr., veraltend).
Я голоден / Я хочу есть.

Es durstet mich / Mich durstet.
Я хочу пить / мне хочется пить / я испытываю жажду.

— безличное местоимение **es** используется в возвратных конструкциях с глаголами **lassen, sitzen** и др.:

Hier läßt es sich leben.
Здесь можно жить.

In dem Sessel sitzt es sich bequem.
В этом кресле удобно сидеть.

In diesem Wohnviertel wohnt es sich recht gut.
В этом жилом квартале можно неплохо жить.

Auf dem Lande lebt es sich ruhig.
За городом живется спокойно.

— при безличном пассиве:

Es wurde ihm geholfen (Ihm wurde geholfen).
Ему помогли.

Es darf hier geraucht werden.
Здесь можно (разрешается) курить.

Задания и упражнения к теме «Безличное местоимение»

Задание 139. Переведите на русский язык.

1. Wie spät ist es? 2. Es friert mich. 3. Es durstet mich. 4. Es fröstelt mich. 5. Es bangt mir. 6. Es bedarf großer Mühe. 7. Es fehlt am Nötigsten. 8. Es mangelt nicht an Mut. 9. Es schneit. 10. Es nieselt. 11. Es dunkelt. 12. Es friert. 13. Es taut. 14. Es wird Abend. 15. Es ist warm. 16. Hier fährt es sich schlecht. 17. Es ist ein Unglück geschehen. 18. Es grünt und blüht. 19. Es klopft. 20. Es zieht. Mach doch die Tür zu! 21. Es ist 8 Uhr. 22. Es gibt einen großen Lift. 23. Es wird geschlafen. 24. Es geht um Tod oder Leben. 25. Es geht (steht auf dem Spiel) um alles. 26. Mir geht es großartig. 27. Wie geht es Ihnen? 28. Worum geht es in diesem Film? 29. Es geht mir darum, ihn zu überzeugen. 30. Mit meiner Gesundheit steht es schlecht. 31. Hier läßt es sich leben. 32. Es läßt sich nicht leugnen, daß... 33. Es ist viel geklatscht worden. 34. Es wurde nebenan getanzt. 35. Es freut mich, Sie kennenzulernen. 36. Ich bin es müde, satt, mit ihm zu streiten. 37. Es gefällt uns hier. 38. Es friert mich / Mich friert es. 39. Es schreibt sich schlecht auf diesem dünnen Papier. 40. Es

wohnt sich gut in diesem Stadtteil. 41. Hier läßt es sich (gut) aushalten. 42. Es läßt sich gut mit ihm leben. 43. Es ist spät. 44. Es ist zehn Uhr. 45. Es wird Herbst. 46. Nimm es ernst. 47. Ich habe es eilig. 48. In diesem Fluß gibt es viele Fische. 49. Wenn du das tust, gibt es ein Unglück. 50. Es wurde bis spät in die Nacht getanzt.

Задание 140. Определите, в каких функциях (значениях) употребляется es в следующих предложениях. Проверьте себя посредством информации § 6.

1. Wir lesen ein Buch. Es ist interessant. 2. Es blitzt seit einer Stunde. Bald wird es regnen. 3. Es klingelt zur Pause. 4. Es friert mich. 5. Es wird für Ordnung gesagt. 6. Es wurde die ganze Nacht getanzt. 7. Ich empfehle (es) dir, pünktlich zu kommen. 8. Es gibt eine Menge Arbeit zu erledigen. 9. Es muß viel gelesen werden. 10. Mit diesem Kugelschreiber schreibt es sich schlecht. 11. Wo ist das Buch? — Es liegt auf dem Tisch. 12. Das Baby weint. Nimm es doch auf den Arm! 13. Da Kommt jemand. — Es ist Herr Kirst. 14. Die anderen waren erkältet — nur Martin war es nicht. 15. Ich gehe nicht zu ihm, es sei denn, er bittet mich um Verzeihung. 16. Hat der Arzt dem kranken Mann das Medikament verschrieben? — Ja, er hat es ihm verschrieben. 17. Es hat in der Nacht stark geregnet. 18. Dein Vater hat es dir gestern doch ganz anders dargestellt. 19. Es wurden in diesem Jahr viele Äpfel geerntet. 20. Warum sind Sie so aufgeregt? — Es wird ein Atomkraftwerk gebaut. 21. Es gibt in unserer Nachbarschaft keine Schule. 22. Es sind Geheimdokumente veröffentlicht worden. 23. Es wurde bekannt gegeben, daß die Tiefgarage nun doch gebaut wird. 24. Komm einmal zu mir. Es gibt viel zu besprechen. 25. Das Ergebnis ist jetzt bekannt. Es

ist negativ ausgefallen. 26. Kommst du morgen? Dann gebe ich dir das Buch. Es ist sehr interessant. 27. Es ist wichtig, daß wir einigen. (sich einigen=договариваться). 28. Es gefällt mir in dieser Stadt. 29. Es geht meinem Vater wieder gut. 30. Es war ihr merkwürdig zumute. 31. Es wurde von deinem Freund gesprochen. 32. Es wurde bis in die Nacht gesungen und getanzt. 33. Der junge Mann hat es weit gebracht. 34. Es kommen sonntags viele Leute in die Stadt. 35. Es ist nicht leicht, eine fremde Sprache zu lernen. 36. Ich bin es, der ihr geholfen hat. 37. Es ist mir kalt. 38. Es wird ihm schlecht. 39. Es ärgert mich, daß das Wetter heute schlecht ist. 40. Auf dem Lande lebt es sich angehehm. 41. Sein Vater ist Jurist, und er wird es auch (=und er wird auch Jurist). 42. Es ist noch zu früh zum Aufstehen.

Задание 141. Составьте предложения с приведенными ниже словами.

1. Es, klingeln, zu, die Pause, in alle, Räume.
2. Es, wurde, plötzlich, in, das Zimmer, ganz dunkel.
3. Es, ziehen, in, die, ganz, Wohnung, bei, geöffnet, Fenster.
4. Es, sein, im Zimmer, hell, nicht, genug, zum Lesen.
5. Es, ziehen, mich, im Sommer, an, die Ostsee.
6. Es, gefallen, mir, sehr gut, in, die Schweiz.
7. Ich, haben, es, eilig.
8. Es, gehen, ihr, seit kurzem, wieder, besser.
9. Es, fehlen, ihm, an Mut, nicht.
10. Ich, meinen, es, gut, mit, du.
11. Es, sein, heute, nicht so warm wie gestern.
12. Es, sein, ihm, von, der Kaffee, schlecht, werden.
13. Es, sein (im Präteritum), er bange, in, die Dunkelheit.
14. Es, ekeln, ich, vor, jede, Unsauberkeit.

15. Ich, sein, es, der geklopft hat.
16. Ich, wissen, es nicht, und, es, interessieren, mich, auch nicht.
17. Es, werden, auf, die Straße, ein neues Haus, bauen (безличный пассив презенс).
18. Es, werden, er, schlecht.
19. Es, werden, bei, das Fest, viel, essen, und, trinken (безличный пассив имперфект).
20. Es, klopfen, die Tür, an.
21. Es, regnen, gestern, der, ganz, Tag.

Задание 142. Вставьте местоимение **es**. Прочитайте этот диалог. Проговорите этот диалог в лицах. Запишите свой разговор на магнитофонную ленту.

— Hallo Klaus, wie geht ... dir?

— Danke, mir geht ... gut. Und wie geht ... dir und deiner Frau?

— Bei ihr ist alles in Ordnung. Übrigens, ich habe ein Buch für dich. ... ist interessant.

— Ich danke dir dafür.

— Gib mir das Buch zurück, wenn du ... gelsen hast. ... gehört meinem Bruder; mein Bruder hat das Buch auch noch nicht gelesen.
Sag meinem Bruder, wie ... dir gefallen hat. ... wird meinen Bruder interessieren.

— Ich komme nächste Woche dich und deine Eltern besuchen. Sag deinen Eltern schone Grüße. Ruf sie an und sag ihnen, wann ... ihnen paßt. ... gibt viel zu besprechen.

Задание 143. Скажите по-немецки.

— Ты придешь завтра? Тогда я дам тебе книгу. Она интересная. Верни ее мне, когда ты ее прочитаешь. Она мне нужна. Я обещал дать ее моему дедушке. Он тоже хочет ее прочитать. Он ведь интересуется художественной литературой.

— Хорошо, я верну ее тебе, как только я ее прочитаю.

Задание 144. Прочитайте деловое письмо. Найдите в нем безличное местоимение es. Определите, в какой функции оно употреблено. Напишите аналогичное письмо, употребив при этом как можно чаще местоимение es в различных функциях.

Sehr geehrte Frau Schaft,

leider ist es uns nicht möglich, unser Akzept über ..., fällig am 15.03., bei Verfall einzulösen.
Der unerwartete Konkurs eines unserer Kunden verursachte uns größere Verluste, wodurch sich unsere finanzielle Lage vorübergehend verschlechtert hat. Unsere vollen Auftragsbücher geben uns jedoch die Gewißheit, daß wir bald wieder über genügend flüssige Mittel verfügen werden. Wir wären Ihnen sehr dankbar, wenn Sie den Wechsel bis 15.05. prolongieren könnten. Wir sind bereit, die Wechselsumme mit ...% zu verzinsen.

Wir hoffen auf Ihr Entgegenkommen und sagen Ihnen schon heute unseren besten Dank.

Mit freundlichen Grüßen

Задание 145. Переведите следующие предложения на немецкий язык.

1. Ты был в универмаге? — Я его не нашел.
2. До которого часа работает магазин? — Сегодня магазин работает до 19 часов.
3. Почему плачет маленькая девочка? — Ее брат обидел ее.

4. Овощи ему понравились? — Да, он их съел с удовольствием.

Задание 146. Преобразуйте следующее предложение по образцу.

Образец: Alle Studenten haben an dieser Demonstration teilgenommen. — Es haben alle Studenten an dieser Demonstration teilgenommen.

1. Ein Unfall ist passiert. 2. Nur die Studenten haben gefehlt, die krank waren. 3. Alle Schüler haben sich freiwillig gemeldet. 4. Etwas Merkwürdiges ist geschehen. 5. Ein Unglück ist geschehen. 6. Sonntags kommen viele Leute in die Kirche. 7. In dieser Straße wird ein Parkhaus gebaut. 8. Niemand meldete sich. 9. Ein Unglück hat sich ereignet. 10. Etwas Unvorhergesehenes ist passiert.

Задание 147. Ответьте на следующие вопросы. В ответах употребите слова, заключенные в скобки.

1. Wo ist mein Heft? (auf dem Tisch, es, liegen).
2. Wann bekomme ich das Buch? (nächste Woche, es).
3. Wem gehört das Buch? (es, mir).
4. Wie war das Theaterstück? (es, dem meisten, gefallen).
5. War das Essen nicht gut? (mir, es, schmecken).
6. Wie heißt das Theaterstück? (es, nicht, wissen).
7. Was macht das Kind? (es, sitzen, und, zeichnen).
8. Wozu kauft er das Buch? (er, brauchen, es).
9. Hast du ein Zelt? (haben, es).
10. Kannst du mir dein Zelt leihen? (können, leihen, es, dir).

Задание 148. Закончите предложения.

1. Es freut mich, daß ...
2. Es interessiert mich, was ...
3. Es ist möglich, daß wir ...
4. Es ist mir bekannt, daß ...
5. Es war mir unangenehm, daß ...

Задание 149. Переведите на немецкий язык.
1. Сегодня целый день шел дождь, поэтому во дворе много луж.
2. Стучат в дверь. Открой ее.
3. Много смеялись. Все были в хорошем настроении.
4. Он желает тебе добра.
5. Здесь можно неплохо жить.
6. Наступает ночь.
7. Темнеет. Светает / становится светло.
8. Пахнет розами.
9. Мне холодно. Я должен одеться теплее.
10. Уже 11 часов. Я иду спать.
11. Во многих странах говорят по-английски.
12. Летом меня все время тянет на Балтийское море.
13. Мне уже лучше / Я чувствую себя уже лучше.
14. Мне нравится в этом городе.
15. Сегодня не так тепло, как вчера.
16. Как живешь? / Как ты? / Как тови дела?
17. Случилось несчастье.
18. Меня радует, что ты выздоровел.
19. Я очень спешу.
20. Мне очень понравилось в Альпах.
21. Кто-то стучал. Посмотри, кто там.

Задание 150. Прочитайте диалог по ролям. Воспроизведите его в лицах. Составьте аналогичные диалоги и воспроизведите их в лицах, меняясь ролями.

A: Heute abend gehe ich mit meinem großen Bruder ins Kino.
B: Darfst du das denn überhaupt?
A: Natürlich darf ich es!

Вопросы и задания для самоконтроля

1. Каковы основные функции безличного местоимения es?
2. Как могут переводиться безличные предложения на русский язык?
3. Когда безличное местоимение может опускаться в предложении?
4. В каких случаях употребляется безличное местоимение?
5. В каких значениях (функциях) может употребляться es вообще?

§ 7. Вопросительные местоимения
(Interrogativpronomen / Fragepronomen / Fragefürwörter)

Вопросительными местоимениями являются: **wer?** (*кто?*), **was?** (*что?*), **welcher?** (*который?*), **was für ein?** (*какой?*). Они являются вопросительными словами и вводят частновопросительные предложения.

Вопросительные предложения содержат в себе вопрос о предмете (лице) или признаке, не известном говорящему, или принадлежности предмета:

Wer war das? Кто это был?

Was gibt es Neues? Что нового?

Welcher Mantel gehört dir? Какое пальто твое?

Was für einen Hut möchtest du?
(— Ich möchte einen Sommerhut).
Какую шляпу ты хотел бы?
(— Я хотел бы летнюю шляпу).

Wessen Bücher sind das? Чьи это книги?

Вопросительные местоимения склоняются следующим образом.

Склонение местоимений **wer**		**was**
Kasus	*Singular*	
Nom.	**Wer** hat das getan?	**Was** ist das da auf dem Bild?
Gen.	**Wessen** Hefte sind das?	
Dat.	**Wem** schenken Sie die Blumen?	
Akk.	**Wen** haben Sie gestern getroffen?	**Was** schenkst du deiner Tochter zum Geburtstag?

II.

Kasus	Singular			Plural
	Mask.	*Fem.*	*Neutr.*	
Nom.	welcher?	welche?	welches?	welche?
Gen.	welches?	welcher?	welches?	welcher?
Dat.	welchem?	welcher?	welchem?	welchen?
Akk.	welchen?	welche?	welches?	welche?

III.

Kasus	Singular			Plural
	Mask.	*Fem.*	*Neutr.*	
Nom.	Was für einer?	Was für eine?	Was für eins?	Was für?
Gen.	Was für eines?	Was für einer?	Was für eines?	—
Dat.	Was für einem?	Was für einer?	Was für einem?	Was für?
Akk.	Was für einen?	Was für eine?	Was für eins?	Was für?

Примечание.

Во множественном числе неопределенный артикль опускается.

Значение и употребление вопросительных местоимений

Местоимение **wer?** (кто?) указывает на одушевленные предметы, т.е. оно выражает вопрос о человеке или животном:

Wer ist da? Кто здесь?

Wer hat das Schaf gerissen?
Кто зарезал (загрыз) овцу?

Местоимение **was?** (что?) указывает на неодушевленные предметы, выражая вопрос о предмете:

Was ist das? — Das ist ein Brief.
Что это? — Это письмо.

Местоимение **was** способно выражать вопрос о ситуации, обстоятельствах дела, положений вещей:

Was ist denn geschehen?
Что же случилось? (произошло?)

Местоимение **was für ein** (какой, что за? (*разг.*)) выражает вопрос о признаке, свойстве кого-, чего-нибудь:

Was ist das für ein Mensch?
Какой он человек? (Что он за человек? (*разг.*)

Местоимение **welcher?** (который? какой?), выступая в роли вопросительного, указывает либо на выбор из множества, на один из нескольких предметов, либо на порядок по счету:

Welcher Schüler hat gefehlt?
Какой?/который ученик отсутствовал?

Welches Bild gefällt dir am besten?
(— Jenes Bild, das Sie dort sehen)
Которая/какая картина нравится тебе больше всего? (— Та картина, которую Вы там видите).

К вопросительным местоимениям можно отнести также **wieviel?** (сколько?). Оно употребляется в несклоняемой форме и выражает вопрос о количестве одушевленных и неодушевленных предметов:

Wieviel Einwohner hat Berlin?
Сколько жителей в Берлине?

Wieviel Bücher hast du gekauft?
Сколько книг ты купил?

Примечания:

1. Для подчеркивания значения местоимение **wieviel** может разделяться на две части и писаться в два слова. При этом вторая часть **viel** склоняется:

   Wie viele Versuche darf ich machen?
   Сколько экспериментов я могу проводить?/ Сколько экспериментов мне разрешается провести?

2. Если вопросительное местоимение **was für** стоит перед вещественными существительными, тогда неопределенный артикль опускается:

   Was für Salz ist das? — Das ist Speisesalz.
   Что это за соль? Какая это соль? — Это столовая соль.

   Was für Wein trinkst du? — Ich trinke Weißwein.
   Какое вино ты пьешь? — Я пью белое вино.

3. Лишь изредка форма среднего рода вопросительного местоимения **welches?** употребляется в сочетании с глаголом в отрыве от определяемого слова:

   Welche sind die größten Flüsse Rußlands?
   Каковы самые большие реки России?

Задания и упражнения к теме «Вопросительные местоимения»

Задание 151. Переведите следующие предложения на русский язык. Обратите внимание на значение и функции вопросительных местоимений.

1. Was ist das? 2. Was bedeutet das? 3. Was machst du am Sonntag? 4. Was geht da vor sich? 5. Was gibt es Neues? 6. Was hast du gesagt? 7. Was ist denn geschehen? 8. Was hast du dort gesehen? 9. Was suchst du denn? 10. Was bekommen Sie?/Was darf es sein?/Was soll es sein? (вопрос к клиенту/покупателю). 11. Was ist er von Beruf? 12. Was soll ich tun? 13. Was ist aus ihm geworden? 14. Was fehlt dir (woran bist du erkrankt, welche Beschwerden hast du?). 15. Was hältst du davon? 16. Was meinst du dazu? 17. Welche Entscheidung hast du getroffen? 18. Welches Kleid nimmst du mit? 19. An welchem Tag und in welchem Jahr wurdest du geboren? 20. Mit welchem Zug willst du fahren? 21. Welches Bild gefällt dir am besten? 22. Welcher Mantel gehört dir? 23. Wer von den Schülern kommt aus Dresden? 24. Wer wohnt in diesem Haus? 25. In wessen Auto fährt er? 26. Wessen Tasche ist das? 27. Mit wem gehst du abends spazieren? 28. Wen hast du heute angerufen? 29. Was ist deine Schwester? — Sie ist Ärztin. 30. Mit welchem Studenten willst du sprechen? 31. Was für ein Kleid wünschen Sie? — Ich möchte ein weißes Kleid. Ich möchte ein Abendkleid. 32. Was für Leute sins das? — Das sind Touristen aus der Schweiz / Das sind Arbeiter. 33. Was für einen Hut möchten Sie kaufen? — Einen grauen. 34. Ich habe Bilder von Salvador Dali. Welches gefällt dir am besten? 35. Welches sind die größten Städte Deutschlands? 36. Was für Wein

trinkst du gern? 37. Ich kaufe ein Auto. — Was für eins? — Einen Sportwagen. 38. Ich lese gern Bücher. — Was für/welche? — Romane. 39. Was für Kleider tragen die jungen Frauen gern? — Moderne Kleider. 40. Wem willst du diese Uhr schenken? — Meiner Frau. 41. Wer von Ihnen spricht fließend/gut Deutsch? 42. Was hat dich veranlaßt, die Firma zu verlassen?

Задание 152. Вставьте недостающие вопросительные местоимения.

1. ... machen Sie heute abend? 2. ... spät ist es? 3. ... geht es dir? 4. ... fehlt Ihnen? 5. ... ... Hut möchtest du kaufen? 6. ... gehört dieser Regenschirm? 7. ... Lehrbuch ist das? 8. ... Buch hast du gekauft? — Ich habe den Bildband über Berlin gekauft. 9. ... hilft diesem leistungsschwachen Studenten? 10. ... geht mit mir ins Theater? 11. ... Bild gefällt dir am besten? 12. ... Kleider tragen die jungen Damen gern? 13. ... hat er dir zum Geburtstag geschenkt? 14. ... Kugelschreiber ist das? 15. Mit ... spricht sie? 16. An ... soll ich mich wenden? 17. ... sind die schönsten Rosen? 18. ... Sorten Käse gibt es? 19. ... Schüler haben unentschuldigt gefehlt?

Задание 153. Ответьте на вопросы. Используйте в ответах указанные в скобках слова.

1. Wer hat Sie überfallen? (ein junger Mann).
2. Was hat er Ihnen abgenommen? (eine Brieftasche).
3. Wieviel Geld lag in der Brieftasche? (etwa 500 Mark).
4. In welchem Hotel wohnen Sie ("Berolina").
5. Was für ein Zimmer haben Sie genommen? (Ein Einbettzimmer mit Duschkabine).
6. Wer hat Ihnen das Hotel empfohlen? (der Reiseleiter).

7. Was hat Ihnen am besten gefallen? (der Königsee).
8. Wen hast du um Rat gebeten? (einen Arzt).
9. Wessen Paß ist verloren gegangen? (der Paß meines Kollegen).

Задание 154. Закончите предложения.

1. Was für ein Sakko … ?
2. Was für ein Fahrrad …?
3. Wessen Villa … ?
4. Was hattest du … ?
5. Wie viele Personen … ?
6. In welchem Stock … ?
7. Mit welchem Zug… ?
8. Wem gibst du … ?

Задание 155. Переведите на немецкий язык.

1. Что ты хочешь подарить ему на день рождения?
2. Какая твоя книга?
3. Какую машину ты хочешь купить?
4. Какой цвет у твоей машины — бежевый или коричневый?
5. Какие призы можно выиграть?
6. Кем ты хочешь стать?
7. Кто твой отец по профессии?
8. Что означает это слово?
9. Какое платье мне одеть?
10. Что бы ты хотел пить — кофе или чай?
11. Сколько человек придут на твою вечеринку?
12. Какое сегодня число?
13. Какая картина нравится тебе больше всего?
14. На что ты жалуешься?
15. Какое решение Вы приняли?
16. Какое впечатление произвел на тебя этот фильм?
17. Кому ты помог делать домашнее задание?

18. Что ты делал вчера?
19. Кто заботится о Ваших цветах, когда вы (бываете) в отпуске?

Вопросы и задания для самоконтроля.

1. Назовите вопросительные местоимения.
2. Каковы их функции?
3. Просклоняйте вопросительные местоимения: was, wer.
4. Как склоняется местоимение was für ein?
5. Просклоняйте местоимение welcher.
6. В чем заключается различие между welcher и was für ein?

§ 8. Возвратное местоимение *sich* / *себя*
(das Reflexivpronomen sich)

Возвратное местоимение **sich** указывает на отношение к действующему лицу, т.е. на производителя действия. Морфологически характеризуется тем, что не имеет форм рода. Оно склоняется по типу личных местоимений; только в 3-ем лице единственного и множественного чисел всегда употребляется форма **sich**:

> Er wäscht sich immer warm.
> Он всегда умывается теплой водой.

> Ich schäme mich wegen meiner Lüge / für meine Lüge.
> Мне стыдно за свою ложь.

Как видно из примеров, возвратное местоимение указывает на объект, тождественный субъекту того же предложения.

Склонение возвратного местоимения sich.

Reflexivpronomen		Возвратное местоимение sich
в роли дополнения в винительном падеже		в роли дополнения в дательном падеже
1-е лицо ед.ч.	ich verspäte **mich**	ich gebe **mir** viel Mühe
2-е лицо ед.ч.	du verspätest **dich**	du gibst **dir** viel Mühe
	Sie verspäten **sich** (в.ф.)	Sie geben **sich** viel Mühe
3-е лицо ед.ч.	er, sie, es verspätet **sich**	er, sie, es gibt **sich** viel Mühe
1-е лицо мн.ч.	wir verspäten **uns**	wir geben **uns** viel Mühe
2-е лицо мн.ч.	ihr verspätet **euch**	ihr gebt **euch** viel Mühe
	Sie verspäten **sich** (в.ф.)	Sie geben **sich** viel Mühe
3-е лицо мн.ч.	sie verspäten **sich**	sie geben **sich** viel Mühe

Обратите внимание:

В немецком языке нет правил деления глаголов на возвратные и невозвратные. Поэтому рекомендуется учить глаголы одновременно с возвратным местоимением и соответствующим падежом:

sich (*Dat.*) etwas ansehen
смотреть *что-либо* (спектакль, футбольный матч).

sich (*bei j-m*) für etwas bedanken.
благодарить *кого-либо за что-либо*.

Особенности употребления возвратного местоимения.

Некоторые глаголы в немецком языке всегда имеют при себе возвратное местоимение: sich befinden, sich erkälten, sich waschen, sich freuen, sich beeilen, sich wundern, sich schämen, sich ereignen, sich bedanken, sich sehen, sich unterhalten и др.

Отдельные глаголы могут употребляться как с возвратным местоимением, так и без него:

Du hast dich geirrt — er hat im Juni Geburtstag, nicht erst im Juli. — Ты ошибся у него день рождения в июне, а не в июле.

Er ist durch die Straßen geirrt. — Он блуждал по улицам.

Nach dem Sport dusche ich (mich) kalt. — После спортивных занятий я принимаю холодный душ.

Обратите внимание на разницу в склонении возвратного местоимения!

sich waschen — умываться	sich (*Dat.*) etwas waschen — мыть (свои руки, лицо)
ich wasche **mich** du wäschst **dich** er, sie, es wäscht **sich** wir waschen **uns** ihr wascht **euch** sie waschen **sich** Sie waschen **sich**	ich wasche **mir** die Hände, Füße, das Gesicht du wäschst **dir** die Hände, Füße, das Gesicht er, sie, es wäscht **sich** die Hände, Füße, das Gesicht wir waschen **uns** die Hände, Füße, Gesichter ihr wascht **euch** die Hände, Füße, Gesichter sie waschen **sich** die Hände, Füße, Gesichter Sie waschen **sich** die Hände, Füße, Gesichter

Возвратное местоимение употребляется в возвратных конструкциях типа:

Das Buch verkauft sich gut. — Книгу хорошо покупают / Книга пользуется большим спросом.

Diesses Gerät bedient sich leicht. — Этим аппаратом легко пользоваться. /Этот аппарат легок в обращении./ С этим аппаратом легко обращаться.

In diesem Sessel sitzt es sich bequem. — В этом кресле удобно сидеть.

Hier fährt es sich gut. — Здесь хорошо ехать.

Auf dem Lande lebt es sich gut. — За городом хорошо живется.

Возвратное местоимение **sich** нередко употребляется в сочетании с глаголом **lassen**: etwas lässt sich + Ininitiv (=etwas kann man + Infinitiv):

Meine Tür lässt sich nicht verschließen.
— Мою дверь невозможно запереть на ключ.

Das lässt sich leicht ändern.
— Это можно легко изменить.

Das Fenster lässt sich (leicht) öffnen.
— Окно легко открывается.

Das lässt sich nicht beweisen.
— Это невозможно доказать/Это недоказуемо.

Примечание.

Для выражения взаимного значения употребляется взаимное местоимение (das Reziprokpronomen) **einander** наряду с возвратным местоимением **sich**:

Sie begegnen sich / einander. — Они встречаются.

Sie verklagten sich / einander. — Они предъявили друг другу иск.

Wir lieben uns / einander. — Мы любим друг друга.

Sie lieben sich / einander. — Они любят друг друга.

Какое место в предложении занимает возвратное местоимение sich?

1. При прямом порядке слов оно всегда стоит непосредственно после глагола-сказуемого:

   Ich freue mich über dein Geschenk. — Я радуюсь твоему подарку.

   Das Wetter ändert sich im April dauernd. — Погода в апреле постоянно меняется.

2. При обратном порядке слов возвратное местоимение ставится сразу после подлежащего, если оно выражено личным местоимением:

> Heute treffe ich mich mit meiner Freundin im Café. — Сегодня я встречаюсь со своей подругой в кафе.
>
> Im Urlaub erholen wir uns gern im Gebirge. — Во время отпуска мы любим отдыхать (с удовольствием отдыхаем) в горах.

3. При обратном порядке слов, если подлежащее выражено именем существительным, то возвратное местоимение sich стоит, как правило, перед существительным:

> Am nächsten Morgen schämte sich der Junge (der Junge sich) seines Benehmens.
>
> — На следующее утро юноша стыдился своего поведения (На следующее утро юноше было стыдно за свое поведение).

Задания и упражнения к теме «Возвратное местоимение»

Задание 156. Переведите на русский язык. Обратите внимание на соответствия возвратного местоимения sich в русском языке.

1. Neben dem Hotel befindet sich eine kleine Bar.
2. Wir kommen zu spät! — Ja, ich beeile mich schon.
3. Der Polizist war sehr freundlich. Ich bedankte mich bei ihm für die Auskunft.

4. Der Fremde hat sich in der Stadt verlaufen.
5. Ich habe mich gestern erkältet.
6. Er schämt sich seiner Fehler.
7. Das war ein langer Weg! Wir ruhen uns erst einmal aus.
8. Er rasiert sich täglich zweimal.
9. Ich stelte mich der Dame vor.
10. Der Zug nähert sich der Grenze.
11. Er hat sich entschlossen Jura zu studieren.
12. Ich wasche mich im Badezimmer.
13. Er wäscht sich die Hände und geht in die Küche.
14. Diese Schuhe tragen sich schlecht.
15. Ich kann mir diese Situation nicht vorstellen.
16. Ich putze mir die Zähne morgens und abends.
17. Heute zahlt jeder für sich.
18. Der Vorhang öffnet sich.
19. Ich erkundige mich bei meinem Nachbar, ob er meine Katze gesehen hat.
20. Die Mieter beschweren sich beim Hausmeister, weil die Heizung nicht funktioniert.
21. Hast du dir den Film schon angesehen?
22. Ich habe mir diese Sendung im Radio angehört.
23. Du stellst dir die Sache zu einfach vor.
24. Ich habe mir seine Autonummer gemerkt.
25. Fürchte dich nicht!
26. Sie hat sich bei mir entschuldigt.
27. Das lässt sich nicht bestreiten.
28. Wann willst du dich mit Bernd treffen?
29. Sie widersprechen sich selbst.
30. Wann sehen wir uns wieder?
31. Der Professor beschäftigt sich mit Germanistik.
32. Schämst du dich nicht?

Задание 157. Продолжите спряжение глаголов.

1. Ich erinnere mich oft an meine Kindheit.
2. Ich freue mich auf den Urlaub in Spanien.
3. Ich habe mir disen Film schon angesehen.
4. Ich befand mich in finanziellen Schwierigkeiten.
5. Vor dem Essen wasche ich mir die Hände.
6. Ich habe mich in meine Mitschülerin verliebt.
7. Ich werde mich bei meinem Chef darüber beschweren.
8. Ich habe mich nach seinem Befinden erkundigt.
9. Ich habe mir dieses Konzert angehört.
10. Ich lasse mich auf dem Balkon bräunen / Ich bräune mich auf dem Balkon.
11. Ich sonne mich am Strand.

Задание 158. Назовите все формы повелительного наклонения. Запишите их в свои тетради.

Образец: Sich warm anziehen.

Zieh dich warm an!
Zieht euch warm an!
Ziehen wir uns warm an!
Ziehen Sie sich warm an!

1. sich vor der Dunkelheit fürchten, sich um ein Stipendium bemühen, sich nach der Wanderung ausruhen; sich der Dame vorstellen; sich ein Auto kaufen; sich ein Theaterstück ansehen; sich mit den Eltern darüber unterhalten; sich bei den Nachbarn entschuldigen; sich auf die Prüfung besser vorbereiten; sich schon besser fühlen; sich über seine Antwort ärgern; sich um eine Stelle bewerben; sich die Adresse merken; sich nach dem Weg erkundigen.

Задание 159. Составьте предложения с приведенными словами.

1. sich erkunden, ich, nach, der Weg, zu, der Bahnhof.
2. Wir, treffen sich, morgen, um neun Uhr.
3. Er, sich schämen, für, seine, Lüge.
4. Sie, sich setzen, neben, ich, unter, den Baum.
5. Albert, sich interessieren, für, Ruth.
6. Fischers, sich erholen, in, ein Sanatorium.
7. sich umziehen, fürs Theater, du, nicht?
8. sich freuen, auf, die Urlaubreise, Sie, nicht?
9. sich entschuldigen, du, nicht, bei, die Nachbarn?

Задание 160. Ответьте на следующие вопросы по образцу. Употребите в своих ответах возвратные местоимения.

Образец: Duschen Sie sich nicht nach dem Sport? — Doch, ich dusche mich nach dem Sport.

1. Bewirbst du dich nicht um diese Stelle?
2. Erinnert ihr euch nicht an eure Großeltern?
3. Ziehst du dich für die Party nicht um?
4. Schämen Sie sich nicht?
5. Wunderst du dich nicht über meine Geduld?
6. Unterhaltet ihr euch nicht oft mit euren Freunden über die Jugendprobleme?
7. Besinnst du dich nicht auf den Namen meines Freundes?
8. Fürchtet sie sich nicht vor Hunden?
9. Wäschst du dir die Hände nicht vor dem Essen?
10. Triffst du dich mit ihr nicht jede Woche im Café?

Задание 161. Какая форма возвратного местоимения подходит?

1. Du wäschst ... die Füße.

2. Wir können ... ein Haus leisten.
3. Angela leiht ... einen Kugelschreiber.
4. Ich verbitte ... diesen Scherz.
5. Färbt sie ... die Haare?
6. Erlaubt ihr ... diesen Lärm?
7. Kaufst du ... ein neues Auto?
8. Ärgern Sie ... nicht über sein Benehmen?
9. Ich sehe ... diese Aufführung heute abend an.
10. Er bewirbt ... um einem Studienplatz.
11. Er hat ... wie ein Kind benommen.
12. Er bemüht ... um eine Stelle bei der Post.

Задание 162. Вставьте подходящие возвратные местоимения. Замените там, где это возможно, местоимение **sich** местоимением **einander**.

Sie trafen ... am Mozart-Denkmal, begrüßten ... mit einem Kuss und begaben ... in eine Bar. „Komm, wir setzen ... hier ans Fenster, da können wir ... die Passanten draußen ansehen", meinte er. Sie bestellte ... ein Glas Wein, er bestellte ... einen Cocktail. „Wie habe ich ... auf diesen Moment gefreut! Endlich können wir ... mal in Ruhe unterhalten!" — „Ja, ich habe ... sehr beeilt; beinahe hätte ich ... verspätet." „Wir müssen ... von jetzt ab öfter sehen!" — „Ja, da hast du vollkommen recht. Sag mal, was hast du ... denn da gekauft? Einen Pelzmantel? Kannst du ... so etwas Teures kaufen? — "Kaufen kann ihn ... den natürlich nicht; aber ich kann ihn ... schenken lassen." — „Du hast ihn ... schenken lassen?" — „Ja, von einem sehr guten Freund." — „Ha! Schau an! Sie lässt sich ... Pelzmäntel schenken! Von 'guten' Freunden!" — „Reg ... doch nicht so auf!" — „Du begnügst ... also nicht mit einem Freund? Mit wieviel Freunden amüsierst du ... denn? Du bildest ... wohl ein, ich lasse ... das gefallen?" — Beruhige ... doch! Sprich nicht so laut! Die Leute schauen ... schon nach uns um.

Benimm ... bitte, ja? Schau, der 'sehr gute Freund' ist doch mein Vater; wir verstehen ... wirklich gut, aber zur Eifersucht gibt es keinen Grund! Da hast du ... jetzt ganz umsonst geärgert." — „Ja, ich möchte ... bei dir dafür entschuldigen."

Задание 163. Переведите на немецкий язык.

1. Перед едой я мою руки.
2. Сколько раз в день ты чистишь себе зубы?
3. Ты умываешься по утрам холодной водой?
4. Какую машину ты купил себе?
5. Тебе не стыдно своего поведения?
6. Где находится памятник Бетховену?
7. Мы рады вам помочь.
8. Я часто вспоминаю о нем.
9. Она простудилась в поезде.
10. Мы встретились на улице.
11. Он доверился только своему другу.
12. Кто занимается этим вопросом?
13. Как ты готовишься к экзамену?
14. Дети, одевайтесь теплее. Сегодня холодно.
15. Теперь я чувствую себя гораздо лучше. Я хорошо отдохнул в горах.
16. Здесь можно хорошо жить.
17. Во время отпуска он хорошо отдохнул.
18. Посмотри этот фильм. Он наверняка тебе понравится. В нем речь идет о проблемах современной молодежи в Германии.
19. Я хотел бы извиниться за свою забывчивость.

Задание 164. Ответьте на вопросы, используя приведенные в скобках слова и словосочетания.

1. Wo hast du dich mit deinem Freund verabredet? (im Restaurant, am Rathaus, im Café).

2. Bei wem willst du dich beschweren? (bei meinem Chef, bei meinen Nachbarn, beim Hausmeister).
3. Wer beschäftigt sich mit diesem Problem? (Professor Albrecht, mein Kollege, mein Freund, Doktor Weber).
4. Wer hat sich bei dir entschuldigt? (mein großer Bruder, meine Schwester, mein Freund, er).

Задание 165. Скажите по-русски. Обратите внимание на особенности употребления возвратного местоимения.

1. Dagegen lässt sich nichts einwenden.
2. Dieses Material lässt sich gut verarbeiten.
3. Der Riegel lässt sich schwer öffnen.
4. Der Mantel lässt sich öffnen und geschlossen tragen.
5. Meine Tür lässt sich nicht verschließen.
6. Die Frage ließ sich nicht vermeiden.
7. Der Wein lässt sich trinken.
8. Das lässt sich essen /das schmeckt gut (scherzh)/.
9. Hier lässt es sich aushalten.
10. Hier lässt es sich leben.
11. Das lässt sich nicht beweisen.
12. Dagegen lässt sich nichts einwenden.
13. Das lässt sich machen.
14. Das Fenster lässt sich nur schwer öffnen.
15. Deine Szene lässt sich sehr schlecht beschreiben.
16. Es lässt sich schwer sagen, was er jetzt vorhat.
17. Bei dir lässt sich's (gut) leben.
18. Das lässt sich nicht beschreiben.

Задание 166. Скажите иначе. Употребите конструкцию etwas lässt sich + Infinitiv.

1. Den Riegel (задвижка, засов) kann man schwer öffnen.

2. Dieses Material kann man gut verarbeiten.
3. Die Frage konnte man nicht vermeiden.
5. Den Mantel kann man offen und geschlossen tragen.
6. Hier kann man leben.
7. Das kann man nicht beweisen.
8. Dagegen kann man nichts einwenden.
9. Das kann man machen / Das ist möglich.
10. Das neue Computerprogramm kann man leicht lernen.
11. Diese Szene kann man sehr schlecht beschreiben.
12. Das Fenster klemmt — man kann es nur schwer öffnen.
13. Die Tür kann man schwer öffnen / Die Tür kann schwer geöffnet werden.
14. Bei dir kann man (gut) leben.
15. Man kann das nicht beschreiben.

Задание 167. Вставьте недостающие формы возвратного местоимения sich.

1. Ich freue ... über dein Geschenk.
2. Ich habe ... sehr darüber gefreut, daß wir ... kennengelernt haben.
3. Es sieht so aus, als bo ... dein Bruder für meine Schwester interessiere.
4. Die Verkäuferin hat ... verrechnet.
5. Für heute abend habe ich ... schon im Restaurant verabredet.
6. Stell ... vor, was mir gestern passiert ist. — Ich bin im Lift steckengeblieben.
7. Er schämt ... nicht zuzugeben, daß er seinen Geschäftspartner betrogen hat.
8. Wir interessieren ... für Sport.
9. Sie will ... im Urlaub von ihrer Arbeit erholen.

10. Kinder, verabschiedet ... von euren Großeltern, denn wir müssen ... schon auf den Weg machen.
11. Ihr beschäftigt ... mit Chemie, stimmt das?
12. Ihr mußt ... dafür nicht entschuldigen.
13. Wir mußten ... beeilen, um unser Flugzeug nicht zu verpassen.
14. Beeil ... ein bißchen, sonst kommen wir zu spät.
15. Er bückte ... , um das Taschentuch aufzuheben.
16. Reg ... nicht so auf, es wird schon nichts passsieren.
17. Jetzt könnt ihr ... von der Arbeit ausruhen.
18. Sie unterhält ... studenlang mit ihrem Freund am Telefon.
19. Jetzt hat er keine Zeit, er muß ... auf eine Prüfung vorbereiten.
20. Wenn ich ... recht erinnere, haben wir ... schon einmal getroffen.
21. Es fiel mir schwer, ... bei ihr zu entschuldigen.
22. Die Behörden sehen ... (dazu) veranlaßt, das Schwimmbad vorübergehend zu schließen.

Вопросы и задания для самоконтроля

1. Каковы функции возвратного местоимения?
2. Просклоняйте возвратное местоимение **sich** в сочетании с глаголами: sich fühlen, sich ansehen.
3. Когда допускается замена sich местоимением **einander**?
4. Назовите глаголы с sich, которые Вы знаете.
5. Назовите немецкие возвратные глаголы, которые не имеют соответствий в русском языке.
6. Какие глаголы Вы знаете, которые могут употребляться с sich и без него?

§ 9. Относительные местоимения
(Relativpronomen)

Относительные местоимения выражают относительное значение, т.е. связывают придаточную часть сложного предложения с главной, являются в придаточной части союзными словами:

Kennen Sie den Mann, den ich begrüßt habe?
— Вы знаете человека, с которым я поздоровался?

Der Herr, nach dem du fragst, wohnt hier nicht mehr.
— Господин, о котором ты спрашиваешь, здесь больше не живет.

Unsere Mannschaft siegte, was uns sehr freute.
— Наша команда победила, что нас очень порадовало.

К относительным местоимениям в немецком языке относятся: **der, die, das, welcher, welche, welches; wer, was.**

Они, за исключением генитива множественного числа, внешне совпадают с указательными местоимениями **der, die, das** и с вопросительными **welcher, wer, was**, и, следовательно, склоняются так же.

Склонение относительных местоимений

Относительные местоимения / Relativpronomen				
Kasus	Singular			Plural
	Mask.	*Fem.*	*Neutr.*	
Nom.	der	die	das	die
Gen.	dessen	deren	dessen	deren/derer
Dat.	dem	der	dem	denen
Akk.	den	die	das	die

Примечания:

1. **Derer** в родительном падеже множественного числа употребляется в разговорной речи.

2. Относительные местоимения **welcher, welches, welche** в современном немецком языке употребляются редко.

Обратите внимание на то, что относительные местоимения могут употребляться и с предлогами:

Der Film, über den wir gesprochen haben, gefällt vielen. — Фильм, о котором мы говорили многим нравится.

Gestern traf ich die Frau, die neben mir wohnt. — Вчера я встретил женщину, которая живет рядом со мной.

Если относительное местоимение заменяет атрибутивный генитив, то оно уже выступает в качестве определения имени, к которому относится генитивное определение. Имя существительное теряет в таких случаях свой артикль:

Dort steht der Schüler, dessen Vater mein Chef ist. — Там стоит ученик, отец которого мой шеф.

Если между относительным местоимением и существительным стоит прилагательное, то последнее склоняется по сильному типу:

> Der Nachbar, dessen ältester Sohn in Heidelberg studiert, besucht mich heute abend. — Сосед, старший сын которого учится в Гейдельберге, посетит меня сегодня вечером.

Относительные местоимения в роли союзных слов получают родовой показатель и показатель числа того существительного, к которому относится придаточное предложение, а форма падежа местоимения зависит от того, каким членом придаточного предложения оно является:

> Die Frau, die mich nach dem Weg gefragt hat, ist nicht von hier. — Женщина, которая спросила меня о дороге, нездешняя (иногородняя).

> Das sind die Freundinnen, mit denen ich mich gestern getroffen habe. — Это подруги, с которыми я встречалась вчера.

> Das Kind, dem ich alles noch einmal erklärt habe, versteht mich nicht. — Ребенок, которому я еще раз все объяснил, не понимает меня.

> Die Schüler, denen dieses Fach schwerfällt, brauchen Nachhilfestunden. — Ученики, которым трудно дается этот предмет, нуждаются в дополнительных занятиях с репетитором.

Задания и упражнения к теме «Относительные местоимения»

Задание 168. Переведите на русский язык. Определите функции относительных местоимений.

1. Die Kinder, deren Eltern anwesend sind, lernen in meiner Klasse. 2. Derjenige, der das getan hat, soll sich melden. 3. Der Polizist fragt den Passanten, der den Unfall gesehen hat, nach seiner Meinung. 4. Unsere Mannschaft siegte, was uns sehr freute. 5. Gerhard ist ein Freund, auf den man sich verlassen kann. 6. Es gibt offenbar nichts, was ihn aus der Ruhe bringt. 7. Dort steht das Schloss, dessen Bild ich dir gezeigt habe. 8. Der Mann, den du gesehen hast, wohnt in Leipzig. 9. Der Zug, nach dem du dich erkundigst, verkehrt nur an Wochentagen. 10. Was ich dir jetzt über meinen Nachbar erzähle, darf niemand erfahren. 11. Monika möchte einen Pelzanorak, wie er im Schaufenster ausgestellt ist. 12. Ich muß noch den Artikel durchlesen, der heute gedruckt werden soll. 13. Er rannte dem Hund hinterher, der auf die Straße laufen wollte. 14. Die Zuschauer, denen die Aufführung nicht gefiel, verließen das Theater. 15. Der Verteidiger, dem das Urteil ungerecht schien, protestierte sehr. 16. Jugendliche, die einen guten Schulabschluß haben, finden leichter eine Lehrstelle. 17. Das Buch, das ich gelesen habe, hat auf mich einen tiefen Eindruck gemacht. 18. Wenn ich denjenigen erwische, der die Fensterscheibe eingeschlagen hat, dann kann er was erleben! 19. Die Familie, bei der ich wohne, ist sehr freundlich. 20. Hier ist das Hotel, in dem ich wohne. 21. Die Schüler, welche die besten Leistungen aufzuweisen hatten, bekamen Urkunden. 22. Die Einwohner können den Verkehrslärm, der ihren Schlaf stört, kaum noch aushalten. 23. Kennst du den,

dessen Arbeit den 1. Preis bekommen hat? 24. Das Geschäft, das mir das Gerät verkaufte, welches mir soviel Ärger bereitete, will es nun doch zurücknehmen. 25. Das Kind, welches das schönste Bild gemalt hatte, wurde mit einem Preis ausgezeichnet. 26. Ist das alles, was du darüber weißt? 27. Ich möchte etwas von dem lesen, was du geschrieben hast. 28. Ich interessiere mich für die Bücher, die Dieter Noll in den letzten Jahren geschrieben hat. 29. Der Zug, mit dem mein Vater kommt, hat Verspätung.

Задание 169. Замените местоимение **wer** местоимением **derjenige** (Mensch).

1. Wer langsam geht, kommt auch zum Ziel.
   — Derjenige Mensch, der ...
2. Wer das tut, hat die Folgen zu tragen.
3. Wer wagt, gewinnt.
4. Wen ich zuerst treffe, frage ich danach.
5. Wer die schriftliche Prüfung nicht bestanden hat, wird zur mündlichen Prüfung nicht zugelassen.
6. Wer sehr gute Leistungen im Deutschunterricht hat, kann die Deutschprüfung vorzeitig ablegen.

Задание 170. Скажите предложение по-русски.

Wir treffen uns heute mit denjenigen Freunden, die an der Reise nach Ägypten teilgenommen haben.

Задание 171. Составьте предложения из следующих слов.

1. Schließlich, sich wenden (*Präteritum*) an, derjenige, der, ihn, am meisten, unterstützen (*Plusquamperfekt*).

2. Wir, müssen, diejenigen (Schülerinnen), herausfinden, welche, die größte, Begabung, musikalische, haben.
3. An, derjenige, Abend, an dem, das, geschehen (*Imperfekt*), sind (*Imperfekt*), wir, bereits, abgereist.

Задание 172. Представьте сцену «В универмаге». Вы играете роль покупателя, а Ваш собеседник играет роль продавца. Употребите относительное местоимение в именительном и винительном падежах.

1. Was kostet das Jackett, ... hier hängt? —
2. Haben Sie auch Wanduhren, ... mit einer Batterie betrieben werden? —
3. Kann ich das Kleid, ... im Schaufenster ausgestellt ist, mal anprobieren? —
4. Haben Sie auch Armbanduhren, ... sich automatisch durch die Armbewegung aufziehen? —
5. Haben Sie Bürolampen, ... man am Schreibtisch anschrauben kann? —
6. Ich suche einen Elektrokocher, ... man auf verschiedene Temperaturen einstellen kann. —
7. Wo haben Sie Kaffeemaschine, ... kürzlich im Test so gut beurteilt wurde? —
8. Haben Sie ein Kofferradio, ... man sowohl mit Batterie als auch mit Netzstrom betreiben kann? —
9. Haben Sie Kerzen, ... nicht nur leuchten, sondern auch Insekten vertreiben? —
10. Was kosten die Anzüge, ... hier hängen? —
11. Haben Sie auch einen Kühlschrank, ... man im Campingwagen mitnehmen kann? —

Задание 173. Поставьте вопрос к выделенному существительному. Вопросы начинайте всегда так: „Was machst du mit ... ?"

Образец: Mein Großvater hat mir eine Villa vererbt.
Was machst du mit der Villa, die dir dein Großvater geschenkt hat?

1. Meine Eltern haben mir ein *Auto* geschenkt.
2. Meine Schwester hat das *Bügeleisen* kaputtgemacht.
3. Mein *Hund* bellt von morgens bis abends.
4. Meine Eltern haben mir ein *Lexikon* zum Examen geschenkt.
5. Mein *Papagei* ruft immer „Faulpelz".
6. Meine *Katze* stiehlt mir das Fleisch aus der Küche.
7. Meine Freunde haben mir einen *Taschenrechner* gekauft.
8. Ich habe *10 000 Mark* im Lotto gewonnen.

Задание 174. Опишите значение слов посредством релативных предложений.

Образец: Eine Illustrierte (eine Zeitschrift mit vielen Bildern)
Eine Illustrierte ist eine Zeitschrift, die sehr viele Bilder enthält.

1. ein Lexikon (ein Buch mit vielen Wörtern in alphabetischer Reihenfolge, über die man sachliche Information findet)
2. ein Holzhaus (aus Holz gebaut sein)
3. ein Tagebuch (ein Heft oder Buch, tägliche Erlebnisse und Gedanken schreiben)
4. ein Magazin (eine Zeitschrift mit aktuellen Berichten und Fotos)
5. eine Tageszeitung (jeden Werktag erscheinen)
6. ein Kommilitone / Studienkollege (jemand, mit dem man zusammen an der Universität / Hochschule studiert)
7. eine Erdbeere (eine Pflanze mit weißen Blüten und roten Früchten)

8. eine Enzyklopädie (ein Lexikon, das Informationen über ein Gebiet oder viele Gebiete des Wissens enthält).
9. eine Biene (ein Insekt mit einem Giftstachel, das Honig und Wachs produziert)
10. ein Museum (ein Gebäude, in dem (künstlersch oder historisch) interessante Objekte aufbewahrt und ausgestellt werden)
11. eine Galerie (ein großer Raum, in dem Kunstwerke ausgestellt werden)

Задание 175. Составьте из двух предложений сложноподчиненное. В функции союзных слов используйте относительные местоимения.

Образец: Ich habe meinem Freund ein großes deutsch-russisches Wörterbuch geschenkt. Mein Freund studiert Germanistik. — Ich habe meinem Freund, der Germanistik studiert, ein großes deutsch-russisches Wörterbuch geschenkt.

1. Er spricht nicht gern von Erfolgen. Er ist der Erfolge nicht sicher.
2. Der Gelehrte wird die Versuchsreihe bald abschließen.
   Es hat die Versuchsreihe vor einem Jahr begonnen.
3. Die Studenten haben sich bedankt. Der Professor hat den Studenten geholfen.
4. Der Student wohnt jetzt in Leipzig. Ich erinnere mich des Studenten noch gut.
5. Der Dozent hält die Lexikologie-Vorlesung. Wir sind dem Dozenten gestern begegnet.
6. Der ausländische Gast möchte heute in der Bücherei arbeiten.
   Der Assistent betreut den ausländischen Gast.

7. Meine Freundin hat nicht geantwortet. Ich habe meiner Freundin einen Brief geschrieben.
8. Die Studenten haben ihr Examen abgelgt. Der Assistent hat mit den Studenten zusammengearbeitet.
9. Der Aspirant hat an der Humboldt-Universität promoviert.
Er hat auch an der Humboldt-Universität studiert.
10. Sein Lehrer ist ein anerkannter Wissenschaftler. In seiner Dissertation beruft er sich auf seinen Lehrer.
11. Das Forschungsthema ist aktuell. Der Aspirant arbeitet an diesem Thema seit zwei Jahren.
12. Mein Freund hat mich eingeladen. Die Eltern meines Freundes wohnen auf dem Lande.
13. Seine Eltern sind Rentner. In dem Haus der Eltern verbrachte ich die Sommerferien.
14. Wir saßen oft in dem großen Garten. Die Bäume des Gartens hingen voller Äpfel und Birnen.
15. An heißen Tagen badeten wir in einem kleinen See. Das Wasser des Sees war kalt und klar.

Задание 176. Вставьте **das** или **was**.

1. Das Buch enthält einiges Material, ... bisher noch nicht veröffentlicht wurde.
2. Es gab in seinem Bericht manches, ... mir neu war.
3. Das Buch enthält einiges, ... nur den Fachmann interessiert.
4. Er hat in seinem Buch viel Material verarbeitet, ... er selbst in Jahrzehnten gesammelt hat.
5. Mein Freund hat lange nicht geschrieben, ... mich wundert.
6. Mein Artikel wird veröffentlicht, ... mich sehr freut.
7. Er hat ein Geschenk mitgebracht, ... mich überrascht hat.

8. Ein Kollege von mir hat uns am Wochenende besucht, ... uns sehr gefreut hat.
9. Es gibt in ihrem Brief etwas, ... mich ärgert.
10. Der Kranke darf nichts lesen, ... ihn aufregen konnte.

Задание 177. Ответьте на вопросы. Пользуйтесь образцом. Один из учеников/студентов задает вопросы, а другой отвечает на них. Проверьте себя по ключу.

Образец: A: Wie nennt man eine Zeitung, die einmal pro Woche erscheint?
B: Eine Zeitung, die einmal pro Woche erscheint, nennt man im Deutschen eine Wochenzeitung.

1. Wie nennt man ein kleines Haus außerhalb der Stadt, in dem man seine Freizeit verbringt? —
2. Wie nennt man einen Lehrgang, den man während der Ferien oder des Urlaubs macht? —
3. Wie nennt man ein Fach, das man an einer Schule lehrt?
4. Wie nennt man ein Kind oder einen Jugendlichen, die zur Schule gehen? —
5. Wie nennt man ein Haustier mit scharfen Zähnen und Krallen, das Mäuse fängt? —
6. Wie nennt man einen Jugendlichen, der an einer Hochschule studiert? —
7. Wie nennt man einen Raum oder ein Haus, in dem vor einem Publikum Filme gezeigt werden? —
8. Wie nennt man ein Gebäude oder einen Teil eines Gebäudes, in dem Dinge zum Verkauf angeboten werden? —

9. Wie nennt man eine mündliche oder schriftliche Aufgabe, mit der jemand(e)s Kenntnisse oder Fähigkeiten beurteilt werden? —
10. Wie nennt man eine Speise, die aus Mehl zubereitet ist? —
11. Wie nennt man ein Lokal, in dem moderne Tanzmusik gespielt wird? —
12. Wie nennt man einen Menschen, der an einer Schule Deutschunterricht erteilt? —
13. Wie nennt man ein Gebäude, in dem Schauspiele, Opern oder Ähnliches aufgeführt werden? —
14. Wie nennt man die Stadt eines Landes, in der die Regierung ihren Sitz hat? —
15. Wie nennt man eine Sprache, die nicht vom eigenen Volk gesprochen wird und die man zusätzlich zu seiner eigenen Sprache erlernen kann? —

Задание 178. Образуйте пять предложений по указанному образцу.

Образец: Die Villa, die mir meine Tante vererbt hat, werde ich wahrscheinlich verkaufen.

Задание 179. Дополните предложения относительными местоимениями в генитиве.

1. Die junge Dame, ... Auto in einen Graben geraten war, bat telefonisch um Hilfe.
2. Die Arbeiter, ... Betrieb schließen mußte, waren plötzlich arbeitslos.
3. Der Doktorand, ... Doktorarbeit in der Fachwelt großes Intesse fand, wurde von der Universität ausgezeichnet.
4. Das Kind, ... Ausweis nicht zu finden war, durfte die Grenze nicht passieren.

Задание 180. Вместо точек поставьте недостающие относительные местоимения в именительном, дательном или винительном падежах; мотивируйте выбор формы.

Образец: Wer ist dieser Junge, ... ? Wer ist dieser Junge, der immer so freundlich ist?

        a) ... immer so freundlich ist
        b) ... du soeben begrüßt hat
        c) ... uns eben begrüßt hat

1. Ich fahre morgen zu meinem Onkel, ...
   a) ... schon seit sechs Jahren in Bremen wohnt.
   b) ... ich bei der Arbeit helfen will.
   c) ... sein 50. Jubiläm feiert.
   d) ... ich schon lange nicht mehr gesehen habe.

2. Frau Fischer, ... , ist meine Nachbarin.
   a) ... ich dir vorstelle.
   b) ... Mann in unserer Firma arbeitet.
   c) ... dieses Auto gehört.
   d) ... hundert Mark geliehen habe.

3. Kennst du die Leute, ... ?
   a) ... da vor der Tür stehen
   b) ... dieses Haus gehört.
   c) ... ihren Wagen hier parken.
   d) ... ich zur Geburt des Kindes gratuliert habe.

Задание 181. Из данных высказываний составьте сложноподчиненные предложения, используя относительные местоимения в генитиве.

Образец: Die Bibliothek ist zur Zeit geschlossen. Ihre Räume werden renoviert.
        — Die Bibliothek, deren Räume renoviert werden, ist zur Zeit geschlossen.

1. Für den Russen war es schwer, sich in Deutschland zurechtzufinden. Seine Deutschkenntnisse waren sehr gering.
2. Ich konnte das Auto nicht selbst reparieren. Sein Motor war defekt.
3. Sie versuchten die arme Frau zu beruhigen. Ihr Sohn war bei einem Unfall verletzt worden.
4. Der Schriftsteller lebt nicht mehr. Seine Romane waren immer große Erfolge.
5. Man will das alte Haus abreißen. Seine Wohnungen sind dunkel und schlecht zu heizen.
6. Der Pianist mußte das Konzert absagen. Sein Klavier war bei der Beförderung beschädigt worden.
7. Kurz nach 17 Uhr kam ich zur Post. Ihre Schalter waren aber inzwischen geschlossen.
8. Der Richter ließ sich von den Zeugen nicht täuschen. Ihre Aussagen waren widersprüchlich.
9. Der Angeklagte wurde zu drei Jahren Gefängnis verurteilt. Seine Schuld war bewiesen.
10. Verärgert stand er vor den verschlossenen Türen der Bank.
    Ihre Öffnungszeiten hatten sich geändert.

Задание 182. Ответьте на вопросы, используя в ответах два варианта: а) относительное местоимение с предлогом; б) относительное местоимение *wo*. Проверьте правильность своих ответов по ключу.

Образец: In welcher Stadt ist Johann Wolfgang Goethe geboren?
Frankfurt am Main ist die Stadt, in der / wo Johann Wolfang Goethe geboren wurde.

1. In welcher Stadt ist Goethe gestorben?
2. In welcher Stadt befinden sich das Goethehaus und das Schillerhaus?

3. In welchem Staat gibt es drei Amtssprachen, aber vier Landessprachen?
4. In welchem Gebirge gibt es die höchsten Berge?
5. An welchem Fluß liegt Köln?
6. An welchem See haben drei Staaten einen Anteil?
7. In welcher Gegend gibt es die meisten Industrieanlagen?
8. In welcher deutschen Stadt befindet sich die weltbekannte Gemäldegalerie?
9. In der Nähe welcher Stadt wurden die olympischen Winterspiele 1976 ausgetragen?
10. In welcher Stadt ist Mozart geboren?

Задание 183. Скажите по-русски.

1. Wer noch etwas zu diesem Thema zu sagen hat, (der) soll sich bitte melden!
2. Wer noch Hilfe braucht, (der) soll sich an den Assistenten wenden.
3. Wer mit der Arbeit noch nicht fertig ist, (der) soll sie nächste Woche abgeben.
4. Wer noch Fragen hat, (der) soll sie jetzt vorbrigen.
5. Wer die Aufgabe nicht versteht, (der) soll zu mir kommen.
6. Wem noch etwas Wichtiges eingefallen ist, der soll es auf einen Zettel schreiben und ihn mir geben.

Задание 184. Найдите в письме ошибки и исправьте их. Прочитайте исправленное письмо еще раз и перескажите его содержание по-немецки.

Lieber Klaus!

Nach sechs Wochen Schweigen wird wirklich wieder einmal Zeit zu schreiben. Meine beiden Kommilitonen sind beim Büffeln für eine Seminaraufgabe, ich brauche nicht, denn mir ist es klar, wann das Pronomen "es" stehen muß. Nur im 1. Studienjahr machte mir einige Schwierigkeiten, jetzt setzt sich wie von selbst. Es beherrsche ich wirklich. Genug davon.

Heute ist hier viel wärmer als bisher, deshalb ist es mir bei der Rennerei zur Mensa ganz schön warm geworden. Ob nötig ist zu rennen, fragst du jetzt sicher. Notwendig ist es, daß du vor den anderen da bist. Du weißt es, daß ich bei jeder lebensnotwendigen Äußerung schnell bin.

In der neuen Mensa zu essen es ist eine feine Sache. Ich müßte es dir jetzt ausführlich erklären, warum so ist, aber wäre zu umständlich. Du kennst mich und weißt es, daß mich nicht lange bei einem Thema hält. Für mein Studienfach ist es jetzt wieder ein gutes Buch erschienen, aber fehlt mir mal nicht an Geld, zu kaufen, dann bestimmt an Zeit, zu lesen. Zu viele Bücher sind es in den letzten Jahren gerade in unserem Fach herausgebracht worden.

Aber nun zu Jutta. Du weißt es, wie sehr ich an ihr hänge, aber willst ja nicht ernst nehmen, weil du mich für einen Luftikus hältst, der es nicht fertigbringt, bei einem Mädchen, bei einer Sache zu bleiben. Du verkennst mich eben völlig ...

Задание 185. Выпишите из письма все местоимения и распределите их по разрядам в зависимости от их значения и синтаксической роли.

Задание 186. Составьте диалог по образцу. Запишите его, а затем проговорите.

A: Ist das der Herr, der mich sprechen wollte?

B: ...

Задание 187. Составьте вопросы и ответьте на них, используя релятивные предложения.

Образец: Ist das der Herr, ... ? (Er wollte mich sprechen.)
— Ist das der Herr, der mich sprechen wollte?

I.
1. Er ist Journalist bei der „Süddeutschen Zeitung."
2. Du willst ihm helfen.
3. Sein Sohn will Schauspieler werden.
4. Du hast dich gestern mit ihm im Café getroffen.
5. Er schreibt Krimis.
6. Wir haben neulich von ihm gesprochen.
7. Deine Firma will ihn einstellen.
8. Er hat dich zu einer Party eingeladen.
9. Er hat bei dir einen guten Eindruck hinterlassen.

II. Hier ist das Buch, ... !
1. Ich habe es so lange gesucht.
2. Es hat mir mein Freund geschenkt.
3. Ich habe es noch nicht gelesen.
4. Der Autor des Buches ist weltberühmt.
5. Du hast mich um dieses Buch gebeten.
6. Ich habe dir neulich schon mal von ihm erzählt.
7. Es ist ein Bestseller.
8. Es ist vor kurzem ins Russische überstzt worden.
9. Du hast es mir vor einem Monat geliehen.

III. Das Stipendium, ... ist nicht leicht zu bekommen.
1. Man muß bestimmte Voraussetzungen dafür mitbringen.
2. Man muß es bis Ende dieses Semesters beantragen.
3. Ich habe mich darum beworben.
4. Um seinen Erwerb bemühen sich viele Studenten.
5. Du hast davon gehört.

6. Es wird von einer privaten Gesellschaft vergeben.
7. Eine öffenthiche Stiftung kann ein Stipendium vergeben.

IV. Den Test, ..., habe ich bestimmt ganz gut bestanden.
1. Mehrere Leher haben ihn ausgearbeitet/erarbeitet.
2. Man hat mich einem Test unterzogen.
3. Ich habe mich auf den Test gründlich vorbereitet.
4. Ich habe ihn vorgestern machen müssen.
5. Ich war von seinem Schwierigkeitsgrad überrascht.
6. Von seinem Ergebnis hängt für mich vieles ab.
7. Der Test bestand aus 4 Fragen und 2 Aufgaben.

Задание 188. Переведите на русский язык. Определите, в какой функции употреблено местоимение *es*.
1. Es dürfen weder Versprechungen noch Drohungen oder Zwangsmittel angewendet werden, um den Beschuldigten zu Geständnissen oder anderen bestimmten Angaben zu bewegen.
2. Es grünt und blüht in der Natur.
3. Es graute ihnen vor der Fahrt mit der Schwebebahn.
4. Es hat mich auf der Fahrt trotz der Heizung gefroren.
5. Es fröstelte uns in der Morgenkälte.
6. Es schwindelte ihr auf der Plattform des Aussichtsturmes.
7. Es überlief sie kalt bei dem Gedanken an die Gefahr.
8. Es zieht sie im Sommer immer wieder an die Ostsee.
9. Es hatte ihr oft vor der Operation gegraust.
10. Es schüttelte sie beim Anblick des verunglückten Wagens.
11. Es ekelt mich vor jeder Unsauberkeit.
12. Es juckt mich schon bei der bloßen Vorstellung am ganzen Körper.

Задание 189. Прочитайте предложения, переведите их на русский язык. Определите, в какой сфере общения они используются. Найдите местоимения и мотивируйте их употребление в этих предложениях.

1. Jedermann hat das Recht auf Freiheit und Sicherheit.
2. Niemand darf aus anderen als den in diesem Bundesverfassungsgesetz genannten Gründen oder auf eine andere als die gesetzlich vorgeschriebene Weise festgenommen oder angehalten werden.
3. Wer festgenommen oder angehalten wird, ist unter Achtung der Menschenwürde zu behandeln.
4. Sämtliche am Strafverfahren beteiligten Behörden sind verpflichtet, darauf hinzuwirken, daß die Haft so kurz wie möglich dauere.
5. Jeder Festgenommene ist bei der Festnahme oder unmittelbar danach über den gegen ihn bestehenden Tatverdacht und den Festnahmegrund zu unterrichten. Dabei ist er darauf aufmerksam zu machen, daß seine Aussage seiner Verteidigung dienen, aber auch als Beweis gegen ihn Verwendung finden könne.
6. Diese (Beförderungsanstalten) sind ferner verpflichtet, auf Verlangen des Staatsanwaltes solche Sendungen bis zum Eintreffen einer gerichtlichen Verfügung zurückzuhalten.

Задание 190. Прочитайте информацию о местоимении *es* еще раз. Начните предложение с выделенных членов предложения. Определите, в каких предложениях при обратном порядке слов местоимение *es* обязательно или факультативно. Проверьте себя по ключу.

1. Es ist mir **im Pelzmantel** nicht zu warm gewesen.
2. Es ist **heute** nicht so warm wie gestern.
3. Es ist am Sonntag **durch den Besuch** wieder sehr spät geworden.
4. Es ist ihm **von dem Wein** schlecht geworden.
5. Es war **zum Weggehen** noch zu früh.
6. Es war ihr bange **in der Dunkelheit**.
7. Es ist mir zu kalt **in dem ungeheizten Zimmer**.
8. Es bleibt bestimmt **noch einige Tage** so kalt.

Задание 191. Прослушайте диалог. Запишите на слух все местоимения, использованные в диалоге. Распределите их по группам (личные, притяжательные и т.д.). Воспроизведите диалог в лицах, меняясь ролями. Употребите в своем диалоге местоимения, которые Вы записали при прослушивании диалога.

Ein Gespräch am Telefon

"Hallo, Monika! Wo ist denn dein Bruder?"

"Thomas liegt im Bett und schläft. Er hat den ganzen Abend auf dich gewartet. Da hat er sich gedacht, du kommst doch nicht mehr und hat sich im Fernsehen einen Krimi angesehen. Dann hat er eine Flasche Rotwein getrunken und eine Schachtel Zigaretten geraucht. Weißt du, er hat sich ein wenig geärgert, weil er doch heute mit dir ins Kino gehen wollte. Um halb zwölf ist er dann ins Bett gegangen."

"Aha, und ich sitze seit zwei Stunden zu Hause und warte auf einen Anruf von Thomas. Und vorher habe ich eine halbe Stunde vor dem Kino auf ihn gewartet. Natürlich wollten wir heute ins Kino gehen. Aber wir wollten uns doch vor dem Kino treffen. Aber das hat er wohl vergessen!" "Das tut mir leid, Ingrid."

"Ist gut, Monika. Jetzt kann man nichts machen. Aber sag Thomas, morgen habe ich keine Zeit!"

Задание 192. Прослушайте диалог еще раз и ответьте на следующие вопросы.

1. Wen ruft Ingrid an?
2. Wer meldet sich am Telefon?
3. Warum ruft Ingrid Thomas an?
4. Was tut Thomas in dieser Zeit?
5. Warum hat sich Thomas geärgert?
6. Wie kam es, daß Thomas und Ingrid nicht ins Kino gehen konnten?

Задание 193. Составьте аналогичный диалог и запишите его на магнитофонную ленту. Затем прослушайте его и внесите, если потребуется, исправления.

Задание 194. Прочитайте текст. Выпишите из текста: личные местоимения, указательные, возвратные, вопросительные, неопределенные. Расскажите, что Вы знаете о них. Определите, какую роль они играют в этом тексте.

Das Geburtstagsgeschenk

Am 16. September hat Renate Geburtstag. Aber Dieter weiß noch nicht, was er ihr schenken soll. Das ist auch gar nicht so einfach. Er weiß, Renate wünscht sich schon lange ein kleines Auto. Aber das kann er ihr natürlich nicht schenken, weil er nicht so viel Geld hat. In der Stadt hat Dieter eine schöne, schwarze Pelzjacke gesehen. Aber die war sehr teuer. Die kann er ihr vielleicht in zehn Jahren kaufen. Er hat sich auch eine braune Handtasche angesehen. Die war sehr schön und gar nicht teuer. Aber Dieter hat gedacht: „Vielleicht steht Renate braun nicht" und hat sie nicht gekauft.

Also, was soll er ihr schenken? Ein Buch, eine Platte oder eine goldene Uhr? — Oder einen Ring? Ja, der freut sie sicher. Dieter hat schon ein bißchen Geld gespart. Er muß nur noch ein paar Mal am Samstag im Supermarkt arbeiten, dann kann er ihr den Ring kaufen.

Задание 195. Расскажите своему другу по-немецки о том, что Вы узнали из текста, используя, где это необходимо, местоимения.

Задание 196. Ответьте по-немецки на вопросы к тексту.

1. Was wünscht sich Renate?
2. Warum kann er ihr kein Auto schenken?
3. Warum hat Dieter die braune Handtasche nicht gekauft?
4. Für welches Geschenk hat er sich entschieden?
5. Wann kann er ihr einen Ring kaufen?
6. Welches Geschenk würden Sie an Stelle von Dieter Ihrer Freundin zum Geburtstag machen?

Задание 197. Раскройте скобки, поставив местоимения в нужном роде, числе и падеже. Проверьте себя по ключу.

Bremen den 23.9.19...

Sehr geehrte Damen und Herren,

Wir danken (Sie) für (Ihre) Anfrage vom 5.8.19. . . Sie suchen eine repräsentative Halle, da Sie eine Sonderausstellung (Ihre) Brauereiprodukte planen.

Wir empfehlen (Sie) entweder eine große 40m lange Halle oder zwei kleinere Hallen mit Durchgang. Letztere haben den Vorteil, daß Sie die Produktpräsentation auch räumlich gliedern können.

Wir möchten (Sie) noch darauf aufmerksam machen, daß wir einen Miet— und Leasing-Service entwickelt haben, um flexibel und preiswert auf die Wünsche (unsere) Kunden reagieren zu können. Die Kosten für Bauteile, Lieferung und Aufbau der Hallen entnehmen Sie bitte dem beiliegenden Katalog, in dem Sie auch (unsere) geltenden Liefer— und Zahlungsbedingungen finden.

Über einen baldigen Auftrag von (Sie) würden wir (sich) freuen.

Mit freundlichen Grüßen
       Hecker Stahlbau GmbH

Задание 198. Прочитайте диалог по ролям. Сосчитайте, сколько местоимений использовано в нем. Выпишите местоимения из диалога и распределите их по разрядам в отношении их значений и функций.

Ein Telefongespräch

A: Andergast.

L: Einen schönen guten Morgen, Herr Andergast. Mein Name ist Lochner, Marketingabteilung von Speckner Fleischwaren in Schweinfurt. Man hat mich mit Ihnen verbunden, weil ... also man hat mir gesagt, dass Sie für den Speiseplan in Ihrem Haus zuständig sind.

A: Ja ...

L: Hätten Sie vielleicht gerade zwei Minuten Zeit?

A: Ja, also ... worum geht es denn?

L: Vielleicht erinnern Sie sich. Wir sind einer der führenden Hersteller von Fleischkonserven. Unsere Sonderaktion bietet Großkunden wie Ihnen zur Zeit besonders günstige Einkaufsbedingungen. Dabei können Sie eine Menge sparen. Allerdings müssen Sie sich schnell entscheiden. Die Aktion läuft nämlich schon in wenigen Wochen aus.

A: Tja, ich ...

L: Ich hatte Ihnen ja vor etwa einem Monat unsere Liste mit den Aktionspreisen zugeschickt. Sie erinnern sich bestimmt, darauf sind alle Produkte, die speziell auch bei Senioren beliebt sind.

A: Ja, wissen Sie ...

L: Wir haben eine ganze Menge Kunden bei den Seniorenheimen. Ältere Menschen mögen ja vor allem fettarme und leichte Kost. Darauf haben wir bei unserer Aktion besonderen Wert gelegt.

A: Ja, also die Liste habe ich mir schon angesehen ...

L: Sehr schön.

A: ... und die Preise sind auch recht günstig ... aber die Sache ist die: Unsere Heimbewohner essen ziemlich wenig Fleisch, immer weniger eigentlich in den letzten Monaten. Vielleicht liegt es an den Fleischskandalen. Das lesen sie ja jeden Tag in der Zeitung.

L: Ja, selbstverständlich, daran haben wir auch schon gedacht. Die Leute werden eben immer gesundheitsbewußter. Exzellente Qualität ist ganz wichtig. Das können wir Ihnen natürlich garantieren. Vor allem unser Truthahnfleisch kommt bei älteren Herrschaften sehr gut an. Fettarm, leicht verdaulich, magenfreundlich. Am besten schicke ich Ihnen mal eine Gratisprobe davon zu. Dann können sich Ihre Heimbewohner persönlich von unserer Spitzenqualität überzeugen. Wie viele Bewohner sind es denn?

A: 70.

L: Gut, dann lasse ich Ihnen 100 Dosen gratis und unverbindlich zuschicken. Bis in drei Tagen haben Sie die Ware. Ich melde mich nächste Woche wieder bei Ihnen. Ist das okay?

A: Naja, wenn Sie meinen ...

L: Fein, Herr Andergast, dann vielen Dank erstmal und bis nächste Woche. Auf Wiederhören.

A: Wiederhören.

Задание 199. Воспроизвведите диалог по лицам (по телефону), меняясь ролями.

Задание 200. Просмотрите диалог еще раз и определите, какую роль играют местоимения в диалогах и в каких функциях они употребляются.

Задание 201. Ответьте на вопросы к диалогу.

1. Ist die Firma Speckner ein großes Unternehmen?
2. Findet Herr Andergast die Preise der Firma zu hoch?
3. Verkauft die Firma ihre Produkte auch an andere Seniorenheime?
4. Essen die Bewohner des Seniorenheims „Theatinum" viel Fleisch?
5. Ist Herr Andergast mit einer Testaktion einverstanden?
6. Warum wurde Frau Lochner mit Herrn Andergast verbunden?
7. Wie bezeichnet Herr Andergast die Preise der Firma Speckner?

8. Warum hat Herr Andergast bislang keine Waren bei der Firma Speckner bestellt?
9. Welche Fleischsorte aus dem Angebot der Firma Speckner empfiehlt Frau Lochner für Seniorenheime besonders?
10. Welche drei vorteilhaften Eigenschaften hat dieses Fleisch?

Задание 202. Госпожа Лохнер не дает возможности высказаться господину Андергасту и ведет очень навязчивый телефонный разговор. Найдите в диалоге подтверждение этому и дайте оценку поведению госпожи Лохнер. Как бы Вы вели себя на месте госпожи Лохнер?

Задание 203. Прочитайте текст. Выпишите из него все местоимения, определите их значение. Скажите, от чего зависит род и падеж притяжательных и относительных местоимений. Составьте вопросы к тексту. Найдите в тексте сложноподчиненные предложения, придаточная часть которых вводится относительными местоимениями, выпишите их и переведите их на русский язык.

Unterricht beim Vater
(Aus Goetbes Kindbeit)

Es war einige Minuten vor 12 Uhr. Wolfgang stand an der Tür zu Vaters Arbeitszimmer und hielt zwei Hefte in der Hand. Punkt 12 Uhr sollte er mit seiner Schwester zum Vater kommen. Sie sollten ihm die Arbeiten vorzeigen, die sie im Anschluß an den Unterricht angefertigt hatten.

Wolfgang blickte durch das Schlüsselloch. Er konnte die Hände des Vaters auf dem blanken Schreibtisch sehen. Sicher schrieb Vater wieder seine Erinnerungen über die Reise nach Italien in das Heft, das aufgeschlagen vor ihm lag. Der Vater hatte als junger Mann eine Reise nach Italien gemacht, an die er gern zurückdachte. Doch für heute schien er fertig zu sein. Er klappte eben das Haft zu und wischte die Feder sorgfältig an einem Tüchlein ab.

Wolfgang blickte sich beunruhigt um. Wo blieb nur die Schwester Cornelia? War sie mit den Aufgaben nicht fertiggeworden? Endlich kam sie die Treppe herunter. Sie legte rasch ihre Hefte auf eine Kommode und stellte sich auf die Zehenspitzen, um in den Spiegel blicken zu können. Sie wußte, der Vater tadelte die geringste Unordnung, und sie strich schnell eine Haarlocke aus der Stirn. Wolfgang band eine Schleife an ihrem Kleid wieder zu, die beim Laufen aufgegangen war.

Jetzt wurde im Zimmer ein Stuhl hörbar gerückt. Schritte näherten sich, und schon stand der Vater in der Tür. Er war ein großer, stattlicher Mann, hatte eine hohe gewölbte Stirn, und unter den dicken Augenbrauen blickten ernste Augen hervor.

„Ach, da seid ihr ja", sagte der Vater, „kommt nur herein!" Er zog seine goldene Uhr aus der Tasche. Aus dem Erdgeschoß tönten helle Glockenschläge herauf und verkündeten die Mittagsstunde.

Der Vater nahm wieder am Schreibtisch Platz, und die Kinder legten ihre Schreibhefte vor ihn hin. Wolfgang hatte einen Aufsatz in lateinischer Sprache geschrieben. Prüfend begann der Vater Seite um Seite in Wolfgangs Heft zu lesen. Es war ganz still im Zimmer. Nur das Umblättern konnte man hören. Ringsum an den Wänden des großen Zimmers standen hohe Schränke. Wenn die Strahlen der Mittagssonne ins Zimmer fielen, glänzten die goldenen Buchstaben auf den breiten Buchrücken. Einige dieser dieser Bücher waren den Kindern schon bekannt. Wolfgang hätte sie gern gelesen. Jedes Buch dort im Schrank war für ihn ein Schatzkästchen, das viele spannende Erlebnisse enthielt. Ob sie alle so lustig waren wie „Till Eulenspiegel" oder „Die Schildbürger"? Er nahm sich vor, recht fleißig zu sein; vielleicht würde ihm dann der Vater diese schönen Bücher zum Lesen geben.

Der Vater unterbrach die Gedanken des Knaben. „Mein Sohn", sagte er, „du hast fleißig und gewissenhaft gearbeitet. Dein Aufsatz ist fehlerlos, der Ausdruck gewandt. Auch die Schrift ist jetzt sauber." Er sah Wolfgang freundlich an: „Du bist jetzt zehn Jahre alt. Wenn du weiter fleißig lernst, wirst du einmal die berühmte Universität in Leipzig besuchen können, an der auch ich studiert habe." Mit diesen Worten händigte er seinem Jungen das Heft aus.

„Herr Vater", sagte Wolfgang, „darf ich Ihnen noch eine Arbeit vorlegen? An dem lateinischen Aufsatz schrieb ich nur eine Stunde. Weil ich dann noch viel Zeit hatte, schrieb ich den ganzen Aufsatz noch einmal, aber in italienischer Sprache. Hier ist er." Wolfgang öffnete ein Heft und hielt es dem Vater hin. Seine Wangen hatten sich vor Eifer gerötet.

„Wie?" sagte der Vater erstaunt, „ich habe doch nur deiner Schwester Unterricht im Italienischen erteilt. Bist du unter die Zauberkünstler gegangen?"

„Nein", antwortete Wolfgang, „aber ich saß in dem Zimmer, in dem Sie Cornelia unterrichteten. Wenn ich nun mit meinen Aufgaben fertig war, hörte ich Ihnen zu und lernte alles mit."

Nach Alice Koch

Задание 204. Определите, какие предложения соответствуют информации текста. Отметьте крестиком. Проверьте себя по тексту и внесите, если потребуется, исправления.

1. Der Vater tadelte die geringste Unordnung.
2. Wolfgang hat nur einen Aufsatz geschrieben.
3. Wolfgang hat einen Aufsatz in lateinischer Sprache und einen Aufsatz in Italienischer Sprache geschrieben.
4. Der Vater hat Wolfgang Unterricht im Italienischen erteilt.
5. Wolfgang lernte Italienisch selbständig.
6. Der Vater war mit Wolfgangs Aufsatzen unzufrieden.
7. Der Vater hat an der Universität Heidelberg studiert.

Задание 205. Прочитайте текст еще раз и перескажите его по-немецки.

Задание 206. Укажите, с какой целью использованы местоимения в тексте.

Задание 207. Объясните употребление в тексте того или иного притяжательного местоимения.

Задание 208. Найдите в тексте личные местоимения, которые не имеют грамматического рода и форм множественного числа. Найдите в тексте возвратное местоимение. Расскажите, что Вы знаете о возвратном местоимении.

Задание 209.
1. Внимательно прочитайте деловое письмо.
2. Определите, какие разряды местоимений типичны для делового письма.

3. Найдите в тексте местоимения, которые употребляются при вежливом или официальном обращении к деловому партнеру. Как они пишутся?

4. Найдите в письме личное местоимение, которое указывает на первое лицо, пишущее от имени коллектива фирмы.

Sehr geehrte Damen und Herren,

einer Anzeige in der letzten Nummer des Mitteilungsblattes der hiesigen Industrie — und Handelskammer entnehmen wir, daß Sie einen Vertreter für den Verkauf Ihrer Anrufbeantworter und Telefaxgeräte in Süddeutschland suchen. Wir sind an dieser Vertretung interessiert. Da in dieser Anzeige ausdrücklich darauf hingewiesen wird, daß Deutsch zu Ihren Korrespondenzsprachen gehört, schreiben wir Ihnen diesen Brief auf deutsch.

Unsere Firma ist ein auf Büromaschinen spezialisiertes Großhandelsunternehmen, das schon seit über 12 Jahren besteht. Wir sind beim Fachhandel gut eingeführt und können den deutschen Markt intensiv bearbeiten. Neben unserer Hauptniederlassung in München haben wir Verkaufsbüros in Nürnberg, Regensburg und Stuttgart. Die Hauptniederlassung und die Verkaufsbüros verfügen über modern eingerichtete Kundendienstwerkstätten.

Da sich unser Verkaufsleiter, Herr Hartwig, im September in Taiwan aufhalten wird, könnte gegebenenfalls ein Termin für eine persönliche Unterredung vereinbart werden.

Auskünfte über unsere Firma erhalten Sie von der Dresdner Bank in München und folgenden Firmen: ...

Ihrer baldigen Anwort sehen wir mit Interesse entgegen.

Mit freundlichen Grüßen

Задание 210. Переведите письмо на русский язык. Скажите, соответствуют ли в полной мере местоимения немецкого делового письма местоимениям делового письма на русском языке. Если есть различия, то в чем они проявляются.

Задание 211. Напишите аналогичное письмо по-немецки, сравните свое письмо с немецким оригиналом и, если понадобится, внесите исправления.

Вопросы и здания для самопроверки к теме "Местоимения"

1. Назовите личные местоимения
2. Просклоняйте их.
3. Назовите возвратное местоимение.
4. Назовите указательные местоимения и просклоняйте их.
5. Назовите притяжательные местоимения.
6. Как они склоняются?
7. Каковы особенности притяжательных местоимений в немецком языке?
8. Расскажите об употреблении вопросительных местоимений.
9. Какие отрицательные местоимения Вы знаете?
10. Каковы особенности употребления неопределенного местоимения man и каковы возможности перевода предложений с man на русский язык?
11. В каких функциях может употребляться местоимение *es*?
12. Что Вы знаете об относительных местоимениях?

13. В каких функциях может выступать местоимение *wir*?
14. Перечислите неопределенные местоимения.
15. На что они указывают?
16. Какую роль играют местоимения в речи? Обоснуйте свое мнение.

Ключ к заданиям
(Lösungsschlüssel)

Задание 72 (с. 47)

1. Wir haben die neue Wohnung besucht. Sie hat uns gefallen.
Wir möchten sie kaufen.
2. Heute habe ich von meinen Eltern einen Brief bekommen.
Ich habe seit zwei Monaten auf ihn gewartet.
3. Was verstehen Sie unter „Demokratie"?
4. Was willst du werden, nachdem du das Abitur bestanden hast?
5. Wir möchten dir zum Geburtstag gratulieren und dir dieses Buch schenken.
6. Du darfst mir nicht mehr böse sein. Ich habe mich ja bei dir dafür entschuldigt. Du mußt es mir verzeihen.
7. Verzeihen Sie bitte: Können Sie mir sagen, wie ich am besten zum Bahnhof komme?
8. Darf ich dir zum Erfolg gratulieren? Du hast dein Examen mit der Note „sehr gut" bestanden.
9. Woher kennen Sie sie? — Ich habe mit ihr zusammen an der Universität Heidelberg an der Juristischen Fakultät studiert.
10. „Wie geht es dir?" — „Danke, gut."
11. Ich danke Ihnen (dafür), daß Sie mir geholfen haben.
12. „Kann ich dir behilflich sein?" — „Ja danke."
13. „Möchten Sie noch Tee?" — „Nein danke."
14. Er dankte ihr für das Geschenk.
15. „Wohin fahrt ihr im Urlaub?" — „Ins Gebirge".
16. Er hilft mir (ihr, ihm, dir, uns, ihnen, euch, Ihnen)
Wir alle sind ihm für seine Hilfe dankbar. Ohne sie kommen wir vorläufig nicht aus.

17. Kommt ihr gut miteinander aus, oder streitet ihr häufig?
18. Sie haben uns eine Einladung zu ihrer Party geschickt.
19. Wir wollen dich mit ihr bekannt machen. Sie ist hübsch und klug.
20. Meine Eltern sind schon da. Sie sind vor einer Stunde gekommen.
21. Ich bin froh, daß wir endlich mit diser Arbeit fertig sind.
22. „Hast du Werner wieder mal gesehen?" — „Na klar, den sehe ich doch jeden Morgen im Bus. Er fährt mit mir zusammen in die Universität. Er hat doch auch kein Auto".
23. In den Ferien besuchen sie uns immer.
24. Entschuldigen Sie, wenn ich Sie unterbreche: Was verstehen Sie unter dem Begriff „Ein Rechtsstaat"?
25. Wenn nichts dazwischenkommt, bin ich um 7 Uhr schon wieder zu Hause.
26. Ich habe den Eindruck, daß hier etwas nicht in Ordnung ist.
27. Er heißt Karl und sie heißt Helga.
28. Wie heißt auf Deutsch «Как твои дела?/ Как ты поживаешь?» -
Auf deutsch heißt das "Wie geht es dir?"
29. Man sagt, sie spricht fließend Deutsch, stimmt das?
30. Sie glaubt ihm nicht mehr, weil er sie einigemal betrogen hat.
31. Ich habe schon mehrmals bei dir angerufen, aber du warst nie da. Wo warst du denn den ganzen Tag?
32. Ich werde dich gelegentlich (bei Gelegeneit) besuchen.
33. Sie trinkt nur gelegentlich (manchmal) Kaffee, meist trinkt sie Tee.
34. Hat er dich nach mir gefragt?

Задание 98. (с. 64)

1. Ich kenne ihn und seine Schwester.
2. Kennst du sie und ihren Bruder?
3. Ich glaube, ich habe Sie und Ihre Tochter schon irgendwo gesehen.
4. Das sind meine Eltern. Ich möchte meine Eltern mit deinen Eltern bekannt machen.
5. Sehen Sie das kleine Mädchen dort? Es ist 7 Jahre alt. Ich kenne seine Mutter. — Das Mädchen geht in die Schule. Es heißt Gabi. Sie macht ihre Hausaufgaben immer ohne Fehler. Sie hilft ihrer Mutter im Haushalt. Sie liebt ihre Eltern.
6. Dieses Fräulein ist als Sekretärin in unserer Firma tätig. Sie arbeitet schon 3 Jahre bei uns. — Fräulein Schröder kenne ich gut. Sie ist die Freundin meiner Schwester.
7. Herr Schulz, was machen Sie heute abend? — Darf ich Sie und Ihre Frau zu uns zu einem Abendessen einladen? — Ich danke Ihnen für Ihre Einladung. Wir nehmen Ihre Einladung gern an.
8. Sie besucht ihre Eltern selten, weil sie in einer anderen Stadt wohnt. Aber sie ruft oft sie an.
9. Wessen Auto ist das? — Das ist meiner.
    Das ist unsrer.
10. Wem gehört das Portmonee? — Das ist meines.
    Das ist ihres.
    Das ist Ihres.
11. Wessen Sachen sind das? — Das sind seine.
    Das sind ihre.
    Das sind Ihre.
12. Am Sonntag fährt er zu seinen Eltern. Sie wohnen auf dem Land. Er will ihnen bei ihrer Arbeit helfen.
13. Die Schüler antworten auf die Fragen ihres Lehrers richtig. Er ist mit ihren Antworten zufrieden. Er lobt sie für ihren Fleiß.

14. Wo verbringen eure Kinder ihre Ferien? — Ich habe sie lange nicht mehr gesehen.
15. Sie liest mein Buch, und ich lese ihr Buch.
16. Wie heißt Ihre Tochter? — Sie heißt Sabine.
17. Ihr Bruder studiert mit mir zusammen an der Universität, aber ich sehe ihn selten.
18. Was ist ihr Vater von Beruf? — Er ist Jurist.
19. Er kennt sie und ihren Mann.
20. Ist das dein Kugelschreiber? Kann ich ihn nehmen? Ich habe meinen zu Hause vergessen.

Задание 114. (с. 87)

1. In Norddeutschland sagt man "Sonnabend" statt "Samstag".
2. Man sagt, er will in Dresden eine Firma gründen.
3. Man soll dankbar sein, wenn einem ein guter Rat gegeben wird.
4. Man darf nicht in den Theatern rauchen.
5. Hast du etwas von ihm gehört (erfahren)?
6. Sie ging fort, ohne etwas zu sagen.
7. Haben Sie etwas Wichtiges für mich?
8. Jedes Kind muß das wissen.
9. Er ist höflich gegen jedermann.
10. Viele können das nicht verstehen.
11. Einige stimmten diesem Vorschlag zu.
12. Ich habe in Bayern mehrere Tage verbarcht.
13. Das kann dein Bruder machen oder irgendwer aus eurer Familie.
14. Wir alle warten auf ihn. Aus irgendeinem Grunde verspätet er sich.
15. Er kommt jedes Jahr mehrere Male zu uns.
16. Jeder kann an dem Ausflug in die Berge teilnehmen.
17. Jemand klopft an der (an die) Tür.
18. Ich habe dreimal geklopft, aber niemand hat mir geöffnet.

19. Man muß auch mal verzeihen können.
20. Das muß einer machen, der etwas davon versteht.
21. Man hat ihm das Fahrrad gestohlen.
22. Weiß man schon, wie die Wahlen ausgegangen sind?
23. Man hat ihn zu einer Geldstrafe veruteilt?
24. Wie spricht man dieses Wort aus?
25. Wenn andere reden, muß man schweigen.
26. Man denkt heute anders darüber.
27. Er spricht etwas deutsch.
28. Nur wenige waren damit einverstanden.
29. Nur wenigen Menschen ist das bekannt.
30. Ich habe wenige Chancen.
31. Leider hat sie uns wenig Gutes / weniges Gute mitgeteilt.
32. In diesem Land hat sich nur wenig / weniges verändert.
    Im Allgemeinen (im großen und ganzen) ist alles beim Alten geblieben.
33. Diese Partei vertritt die Interessen vieler / von vielen.
34. Man lernt nie aus.
35. Jemanden, der eine Wohnung mietet, bezeichnet man als "Mieter".

Задание 120. (с. 98)

1. Ich weiß, daß ich nichts weiß. 2. Er hat den ganzen Tag mit niemand(em) gesprochen. 3. Dort haben wir nichts gesehen. 4. Leider hat uns keiner (kein Mensch, niemand) geholfen. 5. Niemand/Keiner weiß das. 6. „Habt ihr etwas gefunden?" — „Nein, nichts". 7. Er ist mit nichts zufrieden. 8. Ich habe nichts zu sagen. 9. Ich habe nichts Neues erfahren. 10. Er machte keinerlei Anstrengungen. 11. Die Arznei hatte keinerlei Wirkung. 12. Keiner (kein Mensch, niemand) kümmert sich

darum. 13. Er kann kein Englisch. 14. Keiner (Kein Mensch) war auf der Straße zu sehen. 15. Mein Glück verdanke ich keinem. 16. Niemand/Keiner ist daran schuld. 17. Ihm hat man keine Hilfe gewahrt. 18. Es besteht kein Grund zur Klage. 19. Ich kenne hier keinen (niemand). 20. Keiner (niemand) wird das glauben.

Задание 138. (с. 114)

1. Ich habe mir zufällig das gleiche Kleid gekauft wie du.
2. Diese Begegnung werde ich nie vergessen.
3. Diese Dame kenne ich. Ich möchte, daß du mich mit jener (Dame) bekannt machst.
4. Arbeitest du mit Herrn N. zusammen? — Nein, mit dem (ihm) arbeite ich nicht mehr zusammen.
5. Ich habe meinem Freund das alles erzählt.
6. Wir havben all das in der Stadt gekauft.
7. Wir wollen nach Dresden mit diesem Zug fahren.
8. Ich kaufe dise Äpfel (da), jene mag ich nicht.
9. Ich wohne in demselben /im selben/ Hotel wie im letzten Jahr.
10. Ich werde selbst mit dieser schwierigen Aufgabe fertig.
11. Ich helfe denjenigen Schülern, die meine Hilfe brauchen.
12. Ich möchte mir solch einen / einen solchen / so einen Mantel / kaufen wie du (ihn hast).
13. Ein solcher Mann /Solch ein Mann / So ein Mann ist mir sympathisch.
14. Solch ein Kind / Ein solches Kind / So ein Kind gefällt mir.
15. Disen Roman haben wir noch nicht gelesen.
16. Hast du von seinem Erfolg schon gehört? — Ja, das hat mich sehr gefreut.

17. Heute besuchte uns der Chef mit seinem Sohn und dessen Freund (= der Freund des Sohnes).
18. Hast du mit dem Professor schon gesprochen? — Nein, nur mit dessen (seinem) Assistenten.
19. Ich habe vielmals angerufen, aber niemand hat sich gemeldet. Das hat mich mißtrauisch gemacht und ich bin zur Polizei gegangen.
20. Wir sind beide in derselben Stadt geboren und auf dieselbe Schule gegangen.

Задание 143. (с. 122)

— Kommst du morgen? Dann gebe ich dir ein Buch. Es ist interessant. Gib es zurück, wenn du es gelesen hast. Ich brauche es. Ich habe versprochen, es meinem Großvater zu geben. Er will es auch lesen. Er interessiert sich ja fur schöne Literatur.

— Gut, ich gebe es dir zurück, sobald ich es gelesen habe.

Задание 145. (с. 123)

1. Bist du im Warenhaus gewesen? — Ich habe es nicht gefunden.
2. Wie lange ist das Geschäft geöffnet? — Heute ist es bis 19 Uhr geöffnet.
3. Warum weint das kleine Mädchen? — Sein Bruder hat es beleidigt.
4. Hat ihm das Gemüse geschmeckt? — Ja, er hat es gern gegessen.

Задание 149. (с. 125)

1. Es hat heute den ganzen Tag geregnet, darum gibt es auf dem Hof viele Pfützen.
2. Es klopft an der Tür. Öffne sie.

3. Es wurde viel gelacht. Alle hatten gute Laune.
4. Er meint es gut mit dir.
5. Hier läßt es sich gut leben.
6. Es wird Nacht.
7. Es dunkelt. Es wird hell.
8. Es duftet nach Rosen.
9. Es friert mich. Ich muß mich wärmer anziehen.
10. Es ist schon 11 Uhr. Ich muß ins Bett.
11. Es wird in vielen Ländern englisch gesprochen.
12. Es zieht mich im Sommer immer wieder an die Ostsee.
13. Es geht mir schon besser.
14. Es gefällt mir sehr gut in dieser Stadt.
15. Es ist heute nicht so warm wie gestern.
16. Wie geht es dir?
17. Es ereignete sich ein Unglück.
18. Es freut mich, daß du gesund geworden bist.
19. Ich habe es sehr eilig.
20. Es hat mir in den Alpen sehr gut gefallen.
21. Es hat geklopft. — Sieh nach, wer da ist.

Задание 155. (с. 133)
1. Was willst du ihm zum Geburtstag schenken?
2. Welches Buch gehört dir?
3. Was für ein Auto willst du kaufen?
4. Welche Farbe hat dein Auto — beige oder braun?
5. Was für Preise gibt es zu gewinnen?
6. Was willst du werden?
7. Was ist dein Vater von Beruf?
8. Was bedeutet dieses Wort?
9. Welches Kleid soll ich anziehen?
10. Was möchtest du trinken — Kaffee oder Tee?
11. Wieviel Leute kommen zu deiner Party?
12. Welches Datum ist heute? (Den wievielten haben wir heute?).

13. Welches Bild gefällt dir am besten?
14. Was fehlt dir?
15. Welche Entscheidung haben Sie getroffen?
16. Welchen Eindruck hat auf dich dieser Film gemacht?
17. Wem hast du bei den Schulaufgaben geholfen?
18. Was hast du gestern getan?
19. Wer kümmert sich um Ihre Blumen, wenn Sie im Urlaub sind?

Задание 163. (с. 144)

1. Vor dem Essen wasche ich mir die Hände. 2. Wievielmal/ Wie viele Male / Wie oft täglich putzt du dir die Zähne? 3. Wäschst du dich morgens kalt / mit kaltem Wasser? 4. Was für ein Auto hast du dir gekauft? 5. Schämst du dich nicht deines Benehmens? 6. Wo befindet sich das Beethoven — Denkmal? 7. Wir freuen uns Ihnen helfen zu können. 8. Ich erinnere mich oft an ihn. 9. Sie hat sich im Zug erkältet. 10. Wir haben uns auf der Straße gesehen. 11. Er hat sich nur seinem Freund anvertraut. 12. Wer beschäftigt sich mit dieser Frage? 13. Wie bereitest du dich auf die Prüfung vor? 14. Kinder, zieht euch wärmer an! Heute ist es kalt. 15. Jetzt fühle ich mich viel besser. Ich habe mich im Gebirge gut erholt. 16. Hier läßt es sich (gut) leben. 17. Im Urlaub hat er sich gut erholt. 18. Sieh dir diesen Film an. Er wird dir sicher (-lich) gefallen. Es handelt sich in diesem Film um die Probleme der heutigen Jugend in Deutschland. 19. Ich möchte mich für meine Vergesslichkeit entschuldigen.

Задание 177. (с. 157)

1. ein Wochenendhaus; 2. ein Ferienkurs; 3. ein Lehrfach; 4. ein Schüler; 5. eine Katze; 6. Student (ein Studierender); 7. ein Kino; 8. ein Geschäft/ein Laden;

9. ein Test/ ein Examen/eine Prüfung; 10. eine Mehlspeise; 11. eine Diskothek/ eine Disko (gespr.) 12. Deutschlehrer/ Deutschlehrerin; 13. ein Theater; 14. die Hauptstadt; 15. eine Fremdsprache.

Задание 182. (с. 160)

1. Weimar; 2. Weimar; 3. die Schweiz; 4. die Alpen; 5. der Rhein; 6. der Bodensee; 7. das Ruhrgebiet; 8. Dresden; 9. Innsbruck; 10. Salzburg.

Задание 190. (с. 165)

1. (es); 2. es; 3. es; 4. (es); 5. es; 6. (es); 7. (es); 8. es.

Задание 197. (с. 168)

1. Ihnen; 2. Ihre; 3. Ihrer; 4. Ihnen; 5. Sie; 6. unserer; 7. unsere; 8. Ihnen; 9. uns.

Указатель местоимений

all(die) 69,76
alle 69,72,76
allerhand 77
allerlei 77
alles 69,72,78
andere 78
anderes 79,80
das 6,100,104,106,148
dein 51
dem 100
denen 100,148
der 6,100,104,106,148
deren 100,105,149
derer 105,149
derjenige 107
derselbe 101,106
dessen 100,149
die 6,100,104,106,148
diejenigen 101
irgendwer 69,71,74
jeder 71,72,74
jedermann 71
jemand 69,71,73
jener 6,101
kein 6,93,94,95
keinerlei 95
man 6,69,71,73
macher 6,69,75
mehrere 72,78
mein 51,53
nichts 69,71,93,94
niemand 69,96
samtlich 69,74
sein 51
selber 106
selbst 107
sich 6,17,136,137
sie 6,13,14,19,106
Sie 12,13,19
solch ein/ein solcher 102,103

dieser 100,101
du 6,9,11
ein 71,73
einer(eine, eines) 73
einander 6
ein solcher 102,103
einige 19,72,78
einiges 69,79
einzelne 69,72,78
er 6,14,19,106
es 6,14,19,105,116
etliche 72,78
etliches 79
etwa 6,69,71,77
euer 6,51,53
ich 6,9,19
ihr 6,12,51,53
Ihr 9,51
irgendein 7,74
irgend etwas 77
irgend jemand 71,74
irgendwas 77
irgendwelche 71
unser 51,53
viel 69,71
viele 78
vielerlei 79
vieles 79
was 127,128,129
was für (ein) 127,128,129
welcher 127,128,129,148
wenig 72
wenige 78
weniges 79
wer 127,128
wieviel 129
wir 6,10

Оглавление

Предисловие 3

Местоимения 4
Признаки местоимений (Общие краткие сведения) 4
Разряды местоимений по значению 6
Значения и функции местоимений 7
Как пишутся местоимения? 8

Личные местоимения и их употребление в речи 9
Какое место в предложении занимают личные
   местоимения? 16
Какое место в предложении занимают возвратные
   местоимения? 17
Склонение личных местоимений 19
Задания и упражнения к теме «Личные
   местоимения» 20
Вопросы и задания для самопроверки 50

Притяжательные местоимения 51
Склонение притяжательных местоимений 53
Задания и упражнения к теме «Притяжательные
   местоимения» 54
Вопросы и задания для самопроверки 68

Неопределенные местоимения 69
Склонение неопределенных местоимений 71
Значение и употребление неопределенных
   местоимений 71
Задания и упражнения к теме «Неопределенные
   местоимения» 80
Вопросы и задания для самопроверки 92

Отрицательные местоимения 93
Задания и упражнения к теме «Отрицательные
   местоимения» 97
Вопросы и задания для самопроверки 99

Указательные местоимения 100
Склонение указательных местоимений 100
Значение и употребление указательных местоимений 101
Задания и упражнения к теме «Указательные местоимения» 108
Вопросы и задания для самопроверки 115

Безличное местоимение 116
Задания и упражнения к теме «Безличное местоимение» 119
Вопросы и задания для самоконтроля 126

Вопросительные местоимения 127
Склонение вопросительных местоимений 127
Значение и употребление вопросительных местоимений 128
Задания и упражнения к теме «Вопросительные местоимения» 131
Вопросы и задания для самоконтроля 134

Возвратное местоимение 135
Склонение возвратного местоимения 135
Особенности возвратного местоимения 136
Какое место в предложении занимает возвратное местоимение? 138
Задания и упражнения к теме «Возвратное местоимение» 139
Вопросы и задания для самоконтроля 147

Относительные местоимения 148
Склонение относительных местоимений 149
Задания и упражнения к теме «Относительные местоимения» 151

Вопросы и задания для самопроверки к теме «Местоимения» 177

Ключ к заданиям 179

Указатель местоимений 189

И. И. Сущинский

**Местоимения
в современном немецком языке**

Верстка *А. Егоренков*
Оформление обложки *В. Феногенов*

ЛР № 064763 от 24.09.96

ТОО «Лист-Нью», 117333, Москва, а/я 366

Подписано в печать 1.07.98 г. Формат 84 × 108 1/32
Бумага типографская. Печать офсетная. Усл. печ. л. 10,08
Тираж 10 000 экз. Заказ № 1900

Отпечатано с готового оригинал-макета
в типографии ГИПП «Вятка»
610044, г. Киров, ул. Московская, 122